Esther DAVID

LA VILLE EN SES MURS

Roman indien traduit de l'anglais
par Sonja Terangle

OUVRAGE PUBLIÉ AVEC LE CONCOURS
DU CENTRE NATIONAL DU LIVRE

Éditions
Philippe Picquier

Un glossaire regroupe en fin de livre les explications des mots hindi et gujarati, ainsi que celles des fêtes et traditions juives.

La traductrice tient à remercier Madame Amrita Herzberg, sans qui les mots en hindi et gujarati seraient restés mystérieux, Sylvie Cousin et Florence Rémy pour leur contribution aussi précieuse qu'enthousiaste, et Madame Houssein-Stern, de l'ambassade de l'Inde à Paris, pour avoir débroussaillé la faune et la flore indiennes.

Titre original : *The Walled City*

Mas de Vert
BP 150
13631 Arles cedex

Illustrations intérieures de l'auteur

En couverture : Indienne de Jaïpur
© Roland et Sabrina Michaud/Agence Rapho

Conception graphique : Picquier & Protière

ISBN : 2-87730-393-4

A
Amrita et Robin

Moi

1940. La ville qui m'a vue naître est ceinte de murailles, percées de quatorze portes. Des murailles sur lesquelles guettent des entelles aux visages noirs, agitant leurs queues comme des bannières. Sentinelles en alerte, qui me défient de franchir la frontière de leurs corps gris. Leurs yeux, tels des boutons noirs, me fixent sous une épaisse broussaille de sourcils, semblables à ceux de mon oncle Menahem.

La rivière est à sec. Sur ses bords, au cœur du fort de Bhadra désert, Kali la déesse attend patiemment. La nuit, son visage noir et sa langue rouge hantent mes rêves et il arrive que ses yeux scintillent comme les images du kaléidoscope que j'avais acheté à la fête foraine.

Une vache aux côtes saillantes traverse le sable en boitant et se frotte contre les murs effrités de la ville. A la fraîcheur de l'ombre, un chien galeux court après sa queue. Par-delà la rivière, on abat les manguiers et l'on construit une nouvelle Ahmedabad. Je respire le parfum mourant des fleurs de manguiers. Dans la ville ceinte, les maisons et les pols – ces ruelles étroites, grouillantes d'habitations enchevêtrées –

poussent en hauteur et en densité comme les arbres de la forêt vierge. Le soleil cuisant embrase les dalles blanches des terrasses.

Je fais le tour du temple avec mon amie Subhadra. A l'abri du dais, je regarde son dieu droit dans les yeux. Son œil de nacre, strié de sang, me dévisage avec mépris. Mes pieds sont rivés au sol, comme ceux des danseuses sur les colonnes ; un effluve de santal flotte sur l'alcôve et attise d'étranges désirs. Mon regard frôle le visage de Subhadra et je lui demande de me dessiner un point de kumkum[1] sur le front. Prise au dépourvu, sa main reste suspendue dans le temps. Une flamme oscille sur le thali[2] de laiton et mon front brûle de sentir la fraîcheur de la pâte de santal.

Pour Naomi, ma mère, le bindi[3] est un gouffre, une vallée de la mort, où elle ne souhaite guère poser les pieds. Dans ses rêves, mes yeux provocants l'entraînent dans le cercle rouge. J'ignore encore qu'elle baigne dans le sang. Sa mère l'appelle, mais Naomi ne peut pas lui répondre. Un cercle de kumkum les sépare à jamais.

De retour à la maison, je m'enfonce dans le canapé, avec ma bible illustrée pour enfants. Quand l'oncle Menahem rentre du dispensaire, il est temps de dîner. C'est lui qui préside à la table chargée de bouteilles de rhum et de samosas. Il se penche sur les lignes de mes mains rougies au henné et les volutes de sa cigarette viennent caresser mon front. Avec son énorme moustache recourbée et ses longs cheveux soyeux, séparés par une raie au milieu, il a l'air d'un vieux prophète. Il secoue la tête d'un air soucieux et cela m'inquiète. Mon horoscope semble l'intriguer et il dessine force lignes et cercles sur un petit papier. Il note des chiffres, calcule et recalcule, mais le résultat ne lui convient toujours pas. Je tente en vain de déchiffrer la prédiction des astres. Il aperçoit cet air de nuit sans lune dans mon regard

1. Pâte rouge vermillon.

2. Plateau pour les accessoires d'un rituel, mais sur lequel on sert aussi des repas composés.

3. Point que les femmes indiennes portent sur le front.

et il s'esclaffe : « Ces lignes ne veulent rien dire du tout. » Mais mon horoscope me hante. Je redoute la rue sombre, tapie derrière la porte.

Un visage surgit derrière la fumée de tabac, s'éloigne de la fenêtre, s'enfonce dans la nuit noire. C'est celui de la mendiante de l'arrêt de bus de Delhi Chakla, enveloppée dans son sari crasseux. « Ne la regarde pas », m'ordonne Mère chaque fois que nous la croisons, mais je ne peux pas m'en empêcher. Je me demande quelle était la couleur d'origine de son sari. Jaune peut-être. Un œil unique me guette, et du tas de haillons surgissent des mains tendues, couvertes de crasse craquelée. Ces mains, je peux les sentir se serrer sur mon cou.

Je l'imagine petite fille, une petite fille avec un horoscope.

Naomi est hantée par la mort.

La lépreuse la poursuit, ses vêtements se muent en pythons qui cherchent à l'attraper par les pieds. La seule idée d'être touchée par cette femme la terrorise, comme si la saleté de ses mains pouvait dissoudre un foyer confortable. « *Door raho*[1] », crie-t-elle en hindi, mais la sans-abri s'avance vers elle, menaçante. Mère a peur et se dépêche de lui lancer une pièce. La main s'empare de la pièce et la fait rouler sur le trottoir sale, pour voir si ce n'est pas du toc.

Je mâchouille nerveusement une pièce, jusqu'à ce que le regard de Mère m'intime d'arrêter. De retour à la maison, je me fais taper sur le bout des doigts parce que cette pièce a pu passer entre les mains de nombreux lépreux. Je pourrais attraper la lèpre et devenir une paria moi aussi.

Je veux retourner dans le ventre de ma mère.

Ensuite, Mère me soumet à la torture du démêlage. C'est dur de rester toute une heure assise sur le sol, pendant qu'elle enduit mes cheveux d'huile de coco, les peigne et attrape les lentes qu'elle tue en les écrasant entre les ongles des pouces. Elle divise d'abord mes cheveux en longues

1. « N'approche pas ».

mèches, puis les tresse en une natte artistique qu'elle retient d'un ruban rouge.

J'ai la nuque endolorie. Arrive-t-il à la mendiante de se peigner ? Est-ce que sa mère lui faisait des tresses ? A-t-elle été enfant un jour ? Je rêvasse sous les mains huileuses de Naomi. J'imagine que les poux de la mendiante viennent sur ma tête.

Subhadra sourit et joue avec ses longues nattes épaisses et noires, lovées sur son crâne comme des serpents dans le panier de leur charmeur. Elle aussi, sa mère la torture, mais Subhadra dit que c'est uniquement pour son bien. Ainsi, elle deviendra forte et pourra endurer les nombreuses grossesses à venir – car tel est le destin de la femme.

Moi, je ne peux pas sourire.

Une nuit d'hiver, une femme aux cheveux crasseux se roule par terre en bavant, prise de folie. Je n'ose pas demander d'explications à Mère. Pour m'apaiser elle prétend que ce n'est pas vrai, que personne ne hurle, qu'il n'y a aucun sens à ce vacarme. Je me glisse dans la chambre de Mani pour me réfugier dans la grisaille de son sari. Mani, c'est notre bonne. Elle, elle entend et voit les choses comme elles sont. Moi je pense que c'est le diable qui hurle dans la nuit obscure.

« Cette femme a été violée l'an dernier et maintenant il y a un enfant qui naît, dit Mani, les hommes sont vraiment des bêtes. Ils s'attaquent même à une folle. L'enfant sera livré à la rue. Les mendiants l'aideront. »

Sous le banian, près d'une plaque funéraire, il y a l'empreinte de la paume d'une sati[1] anonyme, une autre folle peut-être, sanctifiée après la mort. Je retourne dans mon lit. Le cri d'un nouveau-né résonne dans mes oreilles. Je me demande comment Subhadra fait pour sourire si mystérieusement. Rêver à son amoureux à venir la transporte, mais les hurlements, les entend-elle ?

1. Femme sanctifiée après s'être fait brûler sur le bûcher de son mari défunt.

Le lendemain, Mère essaie de me calmer : « Tu n'as rien entendu du tout la nuit dernière. C'était juste un mauvais rêve et d'ailleurs les bruits de la nuit ne sont jamais réels. Nous avons l'impression de les entendre, mais en vérité ils n'existent pas. »

Je songe à l'étrange univers de Naomi, fait de réel et d'irréel. Peut-être ne m'a-t-elle jamais enfantée, peut-être n'a-t-elle jamais connu la douleur engendrée par ma tête déchirant ses chairs. Mamie dit que je suis un cadeau du ciel. Mère avait fait deux fausses couches et quand elle a été de nouveau enceinte, on n'était pas certain que je sois là, mais finalement, j'étais bien là. Mon corps est engourdi, comme si mon sang s'en échappait. Peut-être ne suis-je qu'une simple apparition, telle la fille de la chudail, la sorcière au visage vert assise dans le tamarinier, les pieds à l'envers ? On ne peut pas la voir, on entend juste le cliquetis de ses bracelets de verre, lorsqu'elle se hisse d'arbre en arbre.

Mon ventre, sous ma robe, me paraît bien petit. Je me demande comment une autre vie pourra se former en moi. Il semble n'y avoir de place que pour moi seule.

Ma mère travailleuse

Parfois, j'entends les disputes familiales jusque tard dans la nuit et j'en connais l'unique raison : ma mère travaille. Elle est secrétaire chez un fabricant textile et apparemment, cela embête tout le monde. Mamie a carrément posé un ultimatum à Père. La tension devient palpable. Père ne travaille pas et Mère refuse de participer aux frais du ménage.

Mamie estime que notre minuscule famille doit, elle aussi, contribuer aux dépenses. Père promet de trouver du travail, bientôt. Pour couper court au débat, il tente de convaincre Mère de céder une partie de son salaire. Elle pleure, elle refuse : plutôt déménager tous les trois. Elle trouve que tout le monde est très injuste avec elle. Surtout qu'après la vie recluse qu'elle a menée enfant, ce n'était pas facile pour elle d'affronter le monde extérieur pour travailler parmi des inconnus. Pourtant, elle le fait parce qu'elle veut nous assurer un avenir meilleur; puis elle accuse Père de n'être qu'un doux rêveur. Je lis dans ses yeux la frayeur que lui inspire la rue, et j'ai le sentiment de me noyer dans une rivière inconnue. Je ne peux pas m'imaginer vivre dans une autre maison. J'espère qu'elle me laissera avec Mamie, qu'elle ne me forcera pas à partir avec elle.

Mère trouve que Mamie devrait se montrer un peu plus compréhensive : « Comment les femmes feraient-elles pour survivre, si jamais les hommes les abandonnaient ? » Dans sa voix on retrouve les traces des peurs vécues par sa propre mère. Mais Mamie n'arrive pas à comprendre pourquoi une femme ne pourrait pas se contenter de rester à la maison et vaquer à ses occupations. « D'ailleurs, déclare-t-elle, c'est ce que j'ai fait toute ma vie et c'est très bien ainsi. » Mère enrage.

C'est vrai qu'elle fait moins de travaux ménagers que Tatie Hannah ou Mamie. Elles n'ont jamais pu s'habituer à l'idée que Naomi travaille à l'extérieur, gagne un salaire, alors qu'elles-mêmes dépendent des hommes pour la moindre dépense. En somme, les femmes de la famille jugent Mère beaucoup trop indépendante, mais en même temps, elles l'ont toujours un peu jalousée. Tous les matins, quand elle descend habillée et prête à partir au travail, elles s'affairent déjà à la cuisine ou aident Fatima, la domestique, à nettoyer la maison. Tout au long de la journée, elles assument mille et une corvées, et le soir, quand Mère rentre du travail, elle n'a plus grand-chose à faire, si ce n'est remuer le curry ou mettre la table.

C'est Mani et Mamie qui s'occupent de moi et personne ne peut se faire à l'idée qu'il y ait, au sein de la famille, une femme qui travaille. Une femme, de plus, dont le salaire ne sert qu'à subvenir à ses propres besoins. Dans la salle de bain, Mamie grommelle tout en me frottant le dos. Elle traite Mère de mesquine et d'égoïste. Quant à Tatie Hannah, elle s'imagine que Mère passe ses journées trônant confortablement dans un fauteuil, à compter tranquillement l'argent du beurre qu'elle a déjà mangé. Mais Mani et Fatima sont solidaires de Naomi. Après sa journée de travail, elles l'accueillent toujours avec une tasse de thé.

Dilhi Darwaza

Chapeaux noirs, fez, turbans, longues barbes et costumes sombres ajustés dominent la photo de famille. Les ancêtres nous regardent, tête penchée. Les fillettes sont vêtues de longues robes amples, avec de gros nœuds dans les cheveux et des colliers en perles de verre autour du cou. Les femmes portent le sari de huit mètres, noué entre les jambes, à la mode du Maharashtra. Elles portent des anneaux dans le nez et de lourds bracelets de chevilles. Sous les manches plissées de leurs corsages, des bijoux brillent à leurs poignets. Je me demande où nous, les enfants plus jeunes, allons pouvoir trouver une place dans le portrait familial. La famille est comme un énorme banian ; nous, nous sommes les oiseaux juchés sur ses branches.

La maison est un banian aussi. Pour la rejoindre, si l'on vient de Dilhi Darwaza (d'où, à en croire la légende, un empereur moghol s'en était retourné à Delhi, royalement vexé parce que le parasol de son éléphant avait frôlé l'arche surmontant le portail), il faut tourner à droite, continuer au-delà des boutiques de matelas, puis se glisser entre le garage abritant notre victoria et la maison à trois étages de la famille Syed, habitée par plus de chèvres et de poules que de gens. L'air est chargé des relents mêlés de crottes de chèvre et de fleurs de jui.

Au milieu de cette jungle épaisse faite de toits, de portes, d'animaux, d'oiseaux et de bruits, les maisons, donnant toujours sur une cour avec un arbre ou quelques plantes, paraissent minuscules. Toutes ces maisons de tailles variées forment un réseau qui relie différentes parties de la ville ceinte. Fraîches, encombrées mais accueillantes, les habitations pointent vers le ciel et s'étendent de ruelle en ruelle, tandis que les senteurs de curry flottent de l'une à l'autre.

Les grandes portes de notre maison sont peintes en vert, avec des heurtoirs rouges en forme de lotus. Elles sont souvent fermées, pour empêcher les chiens errants d'entrer chez nous. Pour accéder à la maison, il faut pousser le portillon, fermé seulement l'après-midi quand Oncle Menahem fait la sieste. Près de l'entrée, se trouvent des toilettes. Chaque matin à dix heures, Kalu, l'éboueur, tout maigre et voûté, habillé de son short kaki, vient vider les pots dans sa brouette pour emporter les déjections nocturnes vers une destination inconnue.

« C'est la malédiction de sa caste », dit Mani.

Le cousin de Mamie, Gérard, habite juste en face. Son fils Joël, un body-builder aux cheveux longs, a l'habitude de masser ses muscles bombés avec de l'huile de moutarde, sous le soleil matinal, sur la terrasse. Joël est notre oncle et il s'entraîne pour l'élection de Monsieur Gujarat. Vu comment il est bâti, il pourrait bien y arriver. Ma cousine Malka le zieute du coin de l'œil, tout en faisant semblant de faire ses devoirs. Lorsqu'il se penche pour soulever des poids, il ressemble à un dieu de l'Olympe. Malka succombe et lui écrit une lettre d'amour. Depuis que Malka a vu *Samson et Dalila* en matinée, au Cinéma Central, quelque chose a changé en elle.

Postée dans son lit, Mamie observe tous les faits et gestes de Malka. En fait, tout le monde semble la surveiller. Récemment, Mamie a découvert une petite tache rouge sur le carrelage gris de la salle de bain. Une petite tache rouge qui a assombri l'existence de Malka. Elle est tristounette et se plaint de maux d'estomac. Amina, notre grosse cuisinière, lui prépare des bouillottes et parle du mariage de Malkababy en gloussant comme une poule. Malka lui lance un regard assassin et tente d'apercevoir Joël par la fenêtre. Ils échangent des œillades langoureuses et, dans ses rêves, Malka rejoint les bras de Joël.

La véranda du grand-oncle Gérard abrite un énorme pigeonnier, où Anwar et Père élèvent des pigeons. Le pigeonnier est plus grand que la maison voisine, celle d'Anwar. Anwar est l'ami de Père. Il travaille avec ses frères, du matin au soir, accroupi à même le sol, à ciseler des tuiles en pierre parfaitement carrées, dans la cour ouverte devant sa maison. Père et lui prennent soin des volatiles et ils en parlent sans arrêt, même pendant qu'Anwar travaille. Ils ont une belle collection de pigeons grosse-gorge. Le soir, ils les sortent et vantent leur démarche saccadée et altière. Père n'est pas autorisé à garder des oiseaux à la maison. Mamie dit que c'est trop de travail et Père accepte sa décision en riant. C'est agréable de rentrer chez soi au son des roucoulements.

Pour moi, la cuisine c'est l'âme de la maison. C'est là que se trouvent les jarres d'eau. Quand on fuit le soleil pour rejoindre la cuisine, c'est comme si on plongeait dans le ventre d'une noix de coco verte. Et quand nous plongeons la puisette de cuivre dans la jarre pour verser de l'eau dans nos gobelets d'argent, un tintement joyeux se fait entendre.

Mamie, Tatie Hannah et Amina passent d'innombrables heures autour du four gigantesque, recouvert d'argile jaune venue de la rivière et alimenté en charbon et en bûches. Elles seules détiennent le secret d'un feu toujours maintenu à la bonne température.

Accrochés au plafond près des fenêtres, des filets remplis d'ail et d'oignons nous arrosent de leurs fines pelures desséchées. L'épluchage est une activité qui demande beaucoup de main-d'œuvre. Les femmes passent des heures assises à la table à manger, à hacher, émincer et pleurer sur des montagnes d'oignons. Fatima, penchée sur le mortier, broie si parfaitement la pâte d'ail et de gingembre que le curry fond dans la bouche. Par-dessus son épaule, Tatie Hannah inspecte et goûte le masala[1] jusqu'à ce qu'il atteigne la consistance voulue.

La vaisselle est rangée sur des étagères, le long du mur. Un immense garde-manger met le lait, le yoghourt et les restes de nourriture à l'abri des mouches. Mère trouve que la cuisine est encombrée et négligée. Elle préfère les cuisinières à gaz ou à kérosène et la vaisselle en inox.

La vaisselle fine, les vases en porcelaine et les beaux verres datant du couronnement de la reine Victoria sont exposés derrière les vitres d'un vaisselier en bois de rose. Ils sont si précieux que seules les femmes de la maison ont le droit d'y toucher.

Nous avons une énorme table en teck, incrustée de générations de vieilles taches et qui repose sur des pieds solides. Chacun a sa place attitrée. Oncle est en bout de table et Père lui fait face. Tatie Hannah agace Mère en occupant la place de la maîtresse de maison, face à Mamie et la plus près de la cuisinière. Pour moi, la table à manger est comme une pièce à part entière.

Pour Oncle Menahem, un déjeuner ou un dîner sans gulab jamuns[2] ou sans pedas[3] est inconcevable. Il fait un clin d'œil et déclare qu'il est interdit de mélanger le lait et la viande, mais qu'il ne peut pas s'en empêcher. Mais de quoi parle-t-il ? Son fils Samuel nous explique les règles alimentaires de la cuisine traditionnelle juive, tout en avalant une peda au lait après un samosa à la viande, sans la moindre vergogne. « Dans cette maison, dit-il, on ne fait pas mariner la viande dans le lait caillé. Nous ne faisons pas

1. Mélange d'épices en pâte ou en poudre, avec lequel on prépare le curry.
2. Sucreries à base de lait bouilli parfumé de cardamome, épaissi puis frit.
3. Sucreries à base de lait.

cuire l'agneau dans le lait de sa mère. D'une certaine façon, nous respectons les lois, ou du moins on essaie. »

Tous les deux jours, Fatima est chargée d'aller acheter des samosas à Khamasa Gate, au pied des marches de la mosquée Rani Sipri. On dit que ce sont les meilleurs de la ville, mais les frères tergiversent toujours pour savoir si les samosas de Pankor Naka sont meilleurs que ceux de Sipri.

De fées et de maquereaux

Dans la maison de Dilhi Darwaza, on ne ferme les fenêtres que la nuit ou durant les suffocants après-midi d'été. La rue, flot continu de sons et de lumières, se faufile chez nous par les barreaux en fer de la fenêtre. Elle fait partie de notre vie. Dès l'aurore, arrive Bhuriben, la crémière, la tête chargée de pots de lait étincelants. Elle interpelle Mani. Aux seuls cris des vendeurs qui font leur tournée, Mani sait l'heure qu'il est, et si l'un d'eux vient à manquer, son univers s'en trouve chamboulé.

Tintements de bracelets, rubans bariolés et éventails brodés ; l'odeur des balais neufs, des mangues crues, des légumes frais ; la menthe verte, les lanières de bonbons roses ; la charrette tentatrice qui croule sous les flacons de sorbets multicolores, les pots de kulfi[1], les condiments, le gola de glace pilée dégoulinant de sirop de rose, tout cela confère une touche de luxe à notre vie.

L'activité favorite de Mani est de marchander avec le vendeur de balais, celui qui a une curieuse voix nasale. Le

1. Glace au lait, de fabrication artisanale.

maraîcher, lui, est sur ses gardes. Chaque fois que Mani lui demande de baisser ses prix, il refuse tout simplement de lui vendre quoi que ce soit : « Les légumes c'est cher, et je dois envoyer de l'argent à ma femme, à Mathura », s'offusque-t-il.

En fin d'après-midi, Mani s'installe dans la cour pour attendre Kamla, la marchande vaghri[1], qui troque de vieux vêtements contre de la vaisselle neuve en aluminium. Comme Kamla a six bouches affamées à nourrir, elle ne peut pas se payer le bus et sillonne les rues d'Ahmedabad à pied, chargée d'un monceau de vêtements et de vaisselle. Quand elle arrive chez nous, elle s'installe à l'ombre du margousier, défait son maigre balluchon et déjeune frugalement d'une galette de millet rassie et d'un piment vert. Mani lui tient compagnie, fumant une bidi et buvant un verre d'eau. L'esprit des voyageurs les unit.

Tatie Hannah voit d'un très mauvais œil ces après-midi que Mani passe sous le margousier. C'est que notre lessive est étendue dans la cour et qu'elle soupçonne Kamla d'être une voleuse. Elle pense que Mani pique des vêtements chez nous pour les refiler à Kamla et pour se partager le butin ensuite. Chaque fois que Tatie Hannah accuse Mani d'avoir volé une robe, qui a sans doute été mal rangée, j'ai la gorge qui se serre. Mani ne dit rien, mais son visage prend un air blessé et renfermé qui ne s'efface qu'une fois le vêtement retrouvé.

Mani passe par la porte de la salle à manger, celle qui donne sur la cour. Elle me dit que quand on ferme la porte du fond, elle se sent prisonnière. Mais Tatie Hannah, toujours aussi paranoïaque, craint que Kamla ne s'introduise chez nous, la nuit.

La cour fait office de salon et les hommes s'y installent sur des nattes. On se passe le hooka[2] et on sert aux invités du thé et des biscuits, ou les gâteaux de riz que Mère

1. Une tribu indienne.
2. Narguilé.

cuisine quelquefois. Moi je préfère le chevado[1], à la façon du Gujarat, comme le prépare la mère de Subhadra.

Il y a un autre salon à l'étage, que l'oncle Menahem a aménagé en clinique de fortune et en bibliothèque. En hiver, c'est aussi la chambre à coucher de mes parents. On pousse alors la table hexagonale aux pattes de lion sculptées, on installe les matelas et ils dorment là, bercés par l'odeur de la teinture d'iode. Le fusil et le dilruba[2] de Père sont posés dans un coin. Parfois ils sont réveillés par les cris de douleur d'un patient tambourinant sur la porte.

Un étroit escalier en teck de Burma mène à la terrasse découverte, où il fait si bon rêvasser. A gauche de la terrasse, il y a des chambres ainsi qu'une toute petite piscine en mosaïque pour les oiseaux. Apparemment, personne n'a envie d'utiliser ni d'entretenir cet endroit ; pourtant, à l'heure du coucher de soleil, il donne à notre maison des allures de palais. Mes talons accrochent des crottes de pigeon séchées et, avant de quitter la terrasse, je jette un œil dans la pièce près du palier.

C'est un débarras où s'entassent des plaids et des matelas soigneusement pliés, des oreillers tachés de flegmes, des vieux sacs de coton, des tapis de valeur, des fioles d'eau de rose en argent, des malles en fer noir bourrées de vêtements usagés, des cerfs-volants en papier déchirés, un charka[3], un harmonium grinçant, des boules antimite, des pièges à souris, des feuilles de margousier séchées, d'énormes chaudrons de cuivre, des cadres de photos sépia montrant des gens inconnus. Cela me fait penser à une vieille couverture moisie, parsemée de caillots de sang fané. Mamie garde la clé de cette pièce sur elle, sur un trousseau fixé à sa taille par un crochet d'argent.

Oncle Menahem, qui a bon cœur, prête notre cour à la famille de Subhadra ou aux Patel pour les mariages ou pour

1. Amuse-gueule à base de riz frit.
2. Instrument à cordes, semblable au sitar.
3. Rouet. Célébré par Gandhi, il figure sur le drapeau national.

les fêtes des nouveau-nés. Parfois Mehboob Khan, la famille Syed ou les cousins d'Anwar y organisent de grands dîners, pour célébrer un mariage ou une circoncision.

De grandes marmites noircies pleines de biryani cuisent sur un feu de camp et la nuit s'enivre d'une odeur de safran. Il y a des eunuques qui dansent et on leur jette des pièces. Ils sont vêtus de saris roses ou bleus, et leurs fausses nattes sont tressées de guirlandes de jasmin. Ils n'arrêtent pas de faire des gestes obscènes, de remonter leurs saris pour exhiber leurs grosses jambes velues. Nous les regardons, perplexes. Puis une fille à la voix nasale et haut perchée entame des chants lascifs. Parfois, elle bondit au milieu d'une strophe, lève les mains au-dessus de la tête, ondule langoureusement des hanches. Le public exulte. Elle ramasse les billets qu'on lui lance et se courbe en un salaam alambiqué, avant de s'accorder une petite pause. Elle mâche du bétel, recrache le jus rouge et chante ainsi jusqu'au petit matin. Nous l'admirons parce qu'elle a le courage de chanter comme ça, toute seule au milieu de tous ces hommes.

Je trouve que les jeunes chanteuses et les eunuques se ressemblent. Je suis pourtant sûre qu'ils ne sont pas tout à fait pareils. D'abord, les filles ne tapent pas dans les mains comme les eunuques, les doigts écartés et les paumes claquant comme des cymbales. Elles, elles font des gestes gracieux montrant seulement leurs chevilles colorées au henné et ornées de chaînettes en argent.

C'est le cousin Samuel qui nous affranchit à voix basse sur les eunuques. Dissimulés dans l'ombre, accroupis contre la fenêtre donnant sur la cour, nous buvons ses paroles. Il raconte qu'ils enlèvent de jeunes garçons puis, face à la déesse Bahucharaji enfourchant un coq, ils les castrent avec un couteau. Ensuite, s'ils survivent à cela, ils deviennent pareils à des femmes et s'habillent en filles. Les yeux de Samuel trahissent la peur.

Je n'aimerais pas que Samuel connaisse une pareille souffrance. De toute façon, il est toujours très prudent quand il sort dans la rue. Il évite les personnes susceptibles de l'enlever pour le transformer en eunuque ou en mendiant mutilé. Si cela devait arriver quand même, pourrions-nous encore le reconnaître ? Evidemment, il connaît l'adresse de la maison, mais si jamais nous en changions ? Et puis nous serions devenues grandes et nous ne ressemblerions plus du tout à des têtards ! Samuel nous met en garde : « Ils enlèvent aussi les petites filles, pour en faire des chanteuses. » Nous nous serrons les uns contre les autres.

Subitement, une lumière nous aveugle. C'est Tatie Hannah qui nous a surpris. Dehors, une fille vêtue d'un sari imprimé de mangues vertes danse toujours. Nous lui jetons un dernier regard et j'aperçois une aumônière de velours noir qui pend à son bras. Attrapés en pleine escapade de minuit, nous voilà renvoyés au lit. Tatie n'apprécie pas du tout que Menahem permette aux voisins d'utiliser notre cour. Nous, les jeunes corrompus, plongeons dans un sommeil agité, hanté de rêves peuplés de fées et de maquereaux.

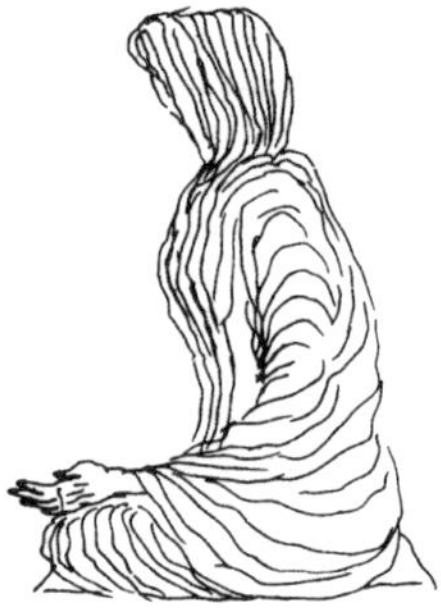

De cerfs-volants et de scorpions

Le matin, nous nous traînons jusqu'à l'école. A l'heure du déjeuner, les cerfs-volants s'abattent sur mes chapatis, trempés de légumes marinés. Tandis que j'en prends une bouchée tout en surveillant le ciel, je m'imagine que les griffes acérées des cerfs-volants vont m'arracher les yeux et que le sang va éclabousser mon uniforme à carreaux rouges, alors je balance mes chapatis sur eux. De toute façon, c'étaient les restes du repas de la veille, achevés par la chaleur de l'après-midi. Le matin, il n'y a jamais le temps de préparer quelque chose de frais. L'oiseau de papier fonce sur moi, exécute une cabriole et attrape un morceau de galette en plein vol.

Mère ouvre la boîte qui renferme mon déjeuner et un remugle rance et âcre me monte au nez. Mon estomac gargouille. Une vision du déjeuner de Shirin flotte devant mes yeux. Son repas lui est livré en voiture, soigneusement disposé dans une gamelle. Le chauffeur arrange le riz brûlant, le dal[1] et les légumes sur une nappe blanche, sans oublier

1. Pois secs. Egalement ragoût à base de pois secs.

l'argenterie. Shirin mange, un air absent sur le visage, pendant que le chauffeur emporte les cerfs-volants.

Pas moyen de suivre la leçon de géographie de sœur Joséphina. Je me demande quel effet ça fait d'avoir faim en permanence et de vivre sur les trottoirs froids. Moi au moins, un dîner chaud m'attend. Amina prépare un délicieux curry de mouton et fait dorer des chapatis sur le gril.

C'est pas facile d'étudier le ventre vide et je fais une erreur dans mon devoir d'arithmétique. Je rumine un vieux chapati sec que j'ai trouvé dans le garde-manger. Mani me gronde et veut m'en donner un frais. « Ça, dit-elle, c'est pour la balayeuse, quand elle viendra quémander des restes. » Au dîner, impossible d'avaler le moindre morceau. Oncle dit que je dois avoir des vers.

Plus tard, dans la réserve où elle est allée chercher du charbon, Amina se fait piquer par un scorpion et elle hurle. Oncle applique une sorte d'acide sur la piqûre puis la cautérise à l'aide d'une allumette. Les larmes coulent le long de ses grosses joues. Elle implore le pardon d'Allah. Elle a peur de mourir. Naomi lui dit que personne ne meurt plus d'une piqûre de scorpion. Je souffle sur sa main et elle sourit à nouveau. Mani murmure : « Nous souffrons dans cette vie pour les péchés commis dans la précédente. Les rues sont pleines de gens qui souffrent pour les péchés de leurs anciennes vies. » Mon sommeil est perturbé. C'est sûrement à cause des péchés de ma vie passée que j'ai faim dans celle-ci. Le plus souvent, je me couche sans avoir fait un vrai repas. Je mange trop de pois chiches et je bois trop d'eau ou je me laisse distraire par une conversation intéressante.

Je crois qu'il n'y a que chez Subhadra que je mange bien. Parfois, nous jouons ensemble après l'école. A sept heures du soir, alors que chez nous on n'a même pas commencé à préparer le dîner, chez elle il est prêt à être servi. Je refuse son invitation, prétendant avoir mangé un en-cas et vouloir dîner plus tard. Mais elle entend les rumeurs de mon estomac, alors elle me force à manger. Il est hors de question pour sa mère d'autoriser une carnivore comme moi à entrer dans sa cuisine, où une lampe illumine la divinité familiale. Alors nous nous installons sur le sol carrelé du salon et mangeons dans des thalis de laiton. Mes doigts resteront longtemps imprégnés de l'arôme du dal gujarati, du riz basmati, du curry de pommes de terre et des mangues confites sucrées-salées. J'espère que Mère n'apprendra pas que j'ai mangé là-bas. Normalement, on mange en famille, dès que les hommes sont rentrés et ont avalé leur rhum-soda.

Les poils de nez de Mani s'agitent d'inquiétude. Elle pense que je ne devrais pas être trop amie avec Subhadra. « Nous sommes différents, tu comprends ? » ajoute-t-elle, après un temps de réflexion. Quand Mani parle comme ça, je n'arrive plus à la comprendre. Je fais pourtant des efforts pour éviter Subhadra, mais c'est ma meilleure amie. Nous avons grandi ensemble. Mais la chair de cadavres d'animaux me colle aux dents, et son haleine camphrée me rejette. Un mur de bêtes et de volatiles défunts se dresse entre nous. Pendant les chauds après-midi d'été, elle vient à la maison, puis elle se précipite chez elle pour boire un verre d'eau. Nos odeurs de cuisine lui soulèvent le cœur. J'ai honte des coutumes de mes ancêtres. Comme j'aurais voulu être le fruit des entrailles de la mère de Subhadra : on m'aurait acceptée alors !

Le vendredi soir, nous allons à la synagogue avec Mamie. Je suis tout énervée et j'ai envie de jouer avec l'étoile de David qu'elle porte autour du cou. Impossible de lui dire que les prières en hébreu m'ennuient profondément. Je ne sais même pas ce que les mots veulent dire. Je reste à ses côtés, des heures durant, à tripoter les bouts de son sari.

Subhadra fredonne des prières dans une langue qu'elle comprend, dans la petite alcôve pooja[1]. Elle fait tinter une clochette de laiton, la fait tourner autour des images de ses dieux et fait brûler des bâtons d'encens. Nous feuilletons ensemble les pages du vieux livre de prières en hébreu et elle me demande ce qu'elles signifient. Je n'en sais rien.

1. Prières et rituels hindous, également lieu où l'on fait les prières.

Son doigt déchiffre un nom écrit en marathi, dessiné d'un trait lourd à la plume d'oie : « Dandekar ». « Ça veut dire quoi ? » me demande-t-elle. J'hésite. C'est mon nom de famille. Je m'empresse de lui préciser que je ne m'en sers jamais. Il est relégué quelque part dans le carcan de ma mémoire, rangé aux côtés des histoires d'ancêtres échoués sur la côte du Konkan, récitant doucement des prières en hébreu, se fondant dans la population locale, adoptant l'habit indien, le parler régional ainsi qu'un nouveau nom, qui n'est autre que celui du village qui a bien voulu les accueillir.

J'observe mon reflet dans le miroir. Simple brindille sur l'arbre de cette mémoire, il m'arrive de mettre en question mon judaïsme. Mon teint est d'un brun profond, aussi mat que celui de Subhadra, et ma longue natte est retenue par des rubans rouges. Je pourrais passer pour sa sœur.

Naomi et Tatie Hannah ont la peau plus claire. Mamie, elle, a carrément les joues roses. Mais à la synagogue, il y a beaucoup de gens à la peau sombre. Mère dit que c'est parce que je joue toujours en plein soleil et elle m'enduit le visage d'un mélange de crème fraîche et de farine de pois chiches pour l'éclaircir. Avec Samuel, nous cherchons dans la bible illustrée pour enfants des gens qui nous ressemblent.

Mamie porte le sari de huit mètres, à la mode du Maharashtra, et se couvre la tête. Elle nous parle en marathi. Nous lui répondons en gujarati. Elle reproche souvent à Hannah et Naomi de ne pas chercher à nous apprendre le marathi. « C'est quand même notre langue maternelle », dit-elle. Nous lui demandons d'écrire son nom et elle glousse comme une petite fille. Elle ne sait pas écrire. Comme la plupart des femmes indiennes de sa génération, elle n'est jamais allée à l'école. Tatie Hannah a honte de sa belle-mère qui signe avec le pouce et elle se vante de ses propres connaissances en anglais et en français. Mais Mamie nous en bouche un coin en récitant sans accroc des prières en hébreu. Elle insiste pour que nous les répétions après elle et nos lèvres suivent docilement les siennes.

Hannah et Naomi portent le sari version moderne, la pointe drapée sur l'épaule gauche. Elles portent des joncs d'or et de verre au bras droit et de fines montres Rolex au poignet gauche. Leurs longs cheveux noirs sont d'abord huilés, puis tressés et enfin assemblés en chignons artistiques, nichés au creux de leur nuque. Pour les fêtes et les mariages, un rang de chrysanthèmes minuscules couronne leur coiffure, lointain souvenir des coutumes du Konkan.

Subhadra se demande pourquoi ma mère ne porte pas de point de kumkum rouge sur le front. Sa mère est joliment vêtue d'un sari à la mode du Gujarat, drapé sur l'épaule droite et rentré à la taille. Elle a toujours un bindi vermillon entre les sourcils.

Tel un bindi démesuré, le soleil brille dans le ciel. Subhadra dessine un point parfait sur mon front virginal et un reste de poussière de kumkum laisse une trace effilée sur mon nez.

Les yeux de Naomi s'enfoncent au centre de mon front. Je prends des coups de règle sur les doigts. Quand je me retrouve enfin seule avec Mani, je regarde son front nu et je lui dis qu'elle serait belle avec un point. Elle est outrée, persuadée que Subhadra exerce une mauvaise influence sur moi. « Nos religions, dit-elle, nous interdisent ce genre de rites. » Je n'ose pas lui demander pourquoi.

Dans mes rêves, je dessine le bindi de mille et une façons, à la poudre, à la pâte ou bien collé. Le cercle doit être parfait, afin d'ouvrir le troisième œil.

« C'est débile, déclare Subhadra, parce que le jour où Shiva ouvrira son troisième œil, le monde sera détruit. »

Je me demande si l'histoire de Noé et du déluge avait quelque chose à voir avec le troisième œil. Je vois des langues de feu dans les nattes de Shiva et je ne veux pas penser aux cataclysmes qu'il pourrait déclencher. Son pied, figé en l'air, à l'équilibre parfaitement symétrique, me paraît de toute beauté.

Lorsque je soulève le pied pour éviter de fouler le sari immonde de la mendiante, je me demande s'il est en mon pouvoir de la détruire. Mais elle est affalée par terre, déjà détruite, prise dans l'inexorable nasse du sort. Prie-t-elle ses dieux au son d'une clochette avant d'aller mendier ? « Tard la nuit, raconte Mani, elle se prépare du khichdi[1] ou parfois les gens lui jettent des restes de nourriture. » Le vendeur de thé lui en verse toujours un bol le matin et il l'appelle « Ma ». Lorsqu'il lui reste des beignets, il les lui donne aussi, et de temps en temps même du chutney de papayes vertes. Il lui dit de manger vite, avant que les chiens ne reniflent la nourriture et lui arrachent tout des mains. Mais elle sait comment les tenir à distance : elle leur lance quelques morceaux, alors ils la laissent tranquille. La nuit, l'un des chiens, plus doux que les autres, dort même blotti tout contre elle.

Je demande à Mani comment elle sait tout ça. Elle me répond que son magasin de bidis préféré se trouve près de l'arrêt de bus de Dariapur, justement là où cette femme mendie. Sans Mamie, Mani serait à la rue elle aussi. A-t-elle besoin de contempler le sort auquel elle a échappé ? « Avant ta naissance, me dit-elle, j'ai perdu ma maison, dans les émeutes intra-communautaires. » Elle dit *komi*, et ce petit mot renferme toute une époque.

Elle s'est installée dans le garde-manger, entre les bidons de blé, de riz et de lentilles. Elle dort sur une mince couverture en patchwork fabriquée par ses soins, avec des bouts de chiffon et de vieux saris multicolores. J'ai très peur pour elle : comment peut-elle empêcher les mille-pattes qui peuplent cet endroit d'entrer dans ses oreilles ? Mani dit qu'une fois installés dans votre tête, ils peuvent y fonder une famille à votre insu, puis petit à petit, vous perdez l'esprit. Je ne me sens pas rassurée dans mon lit, j'ai peur qu'ils tombent du plafond, tout droit dans mon oreille. Je grimpe dans le lit de Mamie. D'instinct, elle me prend dans ses bras.

1. Plat à base de riz et de lentilles.

Des bracelets de chevilles en argent

Mère semble souvent mal à l'aise avec nous. Quand je dis nous, je veux dire la famille de mon père. Elle a grandi dans un autre environnement et ne semble pas à sa place ici, dans cette maison. Elle a vécu dans la même ville que nous, mais sa jeunesse a été différente de la nôtre. Dans la maison de son père, il n'y a pas d'éboueur qui vide les pots de chambre, ni de bonnes qui s'installent dehors pour faire un brin de causette, et le dehors ne se mélange pas au dedans.

« Etre comme les Anglais », voilà l'obsession de mon grand-père Daniel. Il a travaillé pour une compagnie dirigée par des Britanniques et a fait siennes les manières de ses patrons. Mais curieusement, les us et coutumes indiennes semblent le fasciner tout autant.

Les méandres de sa vie m'accaparent, même si nous n'allons le voir qu'une fois par semaine, le dimanche après-midi. Installés sur la balancelle, tandis que j'observe son crâne dégarni en pensant à la chevelure luxuriante de Subhadra, il m'aide à attacher une paire de bracelets de chevilles en argent. Dès que je bouge les pieds, les grelots d'argent tintent et cela nous fait rire.

Mohun, l'homme qui s'occupe de Danieldada, dessine un point rouge sur son front luisant. Grand-mère Léa était terrorisée par le bindi de kumkum. Cette teinte carmin était la toile de fond de ses cauchemars. Avant même que Mohun puisse exercer son art sur moi, la gifle de Mère tombe et mes oreilles bourdonnent. Je me glisse jusqu'à l'armature de la balancelle pour étudier le paon qui décore les chaînes. Il porte sur sa tête un thali de laiton, où sont disposés une lampe d'argile, de la poudre kumkum dans une boîte d'argent et des pedas. Ce sont les accessoires de son rituel quotidien aarti[1]. Danieldada a donné une chambre à Mohun, qu'il a tapissée d'images de divinités. Son préféré, c'est l'adorable petit Ganesh. Moi aussi je l'aime bien, l'éléphant souriant. Mère va-t-elle se matérialiser sur la véranda à cet instant précis, pour engloutir de son regard furieux le thali et ma personne, avant de fondre sur son propre père, les yeux débordants de haine ? Elle estime qu'on laisse beaucoup trop de liberté à Mohun. Elle n'arrive pas à comprendre pourquoi Grand-père lui accorde une chambre pooja pour ses dieux, dans une maison juive !

Le charme est rompu. Naomi en veut à Danieldada de m'avoir acheté les bracelets de chevilles. Selon elle, une fille juive ne doit pas porter de bijoux, sauf, à la rigueur, un collier, une broche, une montre ou quelques bracelets. Et d'abord, une petite fille comme moi ne devrait pas recevoir de cadeaux aussi coûteux. Dada est blessé. Il défait les bracelets, les enveloppe d'un papier rouge et les range soigneusement dans une petite boîte, rouge elle aussi. Il me les mettra de côté et je pourrai les porter quand j'irai lui rendre visite. Il aime la musique des clochettes d'argent. J'ai envie de hurler : « Rendez-les-moi ! » Je tords la chaîne de la balancelle, étranglant le paon et le perroquet. Danieldada sourit tristement lorsque j'enfile mes chaussettes et mes chaussures. D'un pas raide, j'accompagne Mère à la victoria. Elle passe tout le chemin du retour à m'expliquer le

1. Rituel de prière qui se pratique avec une lampe à huile.

code vestimentaire et les manières qui conviennent aux jeunes filles juives. Des phrases ponctuées de « il ne faut pas » bourdonnent autour de ma tête, mais mon esprit gambade ailleurs. De toute façon, je n'aurais pas pu porter de bracelets de chevilles avec des chaussures. Encore que…

Tout est si confus… Je décide d'interroger Mamie sur l'incompatibilité entre les bracelets de chevilles et le judaïsme. Je me souviens d'une photo jaunie de Mamie, jeune fille pensive, posant debout les bras croisés près d'un vase de fleurs artificielles trônant sur une colonne. Elle porte un anneau dans le nez. Telle une ballerine, elle tient en équilibre sur un seul pied tandis que l'autre, orné d'une chaînette épaisse, dépasse de l'ourlet de sa jupe. Il semblerait que ni l'anneau ni même la chaînette n'aient pu la pervertir.

J'ai besoin du contact de ma mère, mais son sari amidonné me tient à distance. Je rêve de me blottir contre Ganesh, avec son petit ventre rond. C'est rassurant de se perdre dans son regard affectueux, même s'il est sûrement un peu myope, comme tous les éléphants. Samuel m'affirme que très bientôt, tous les animaux du monde vont disparaître. Il se moque de moi quand je lui rétorque que Ganesh sera toujours là pour nous et me demande pourquoi je dis « nous ». Je lui explique que c'est Mani qui dit cela, alors moi je dis pareil. Samuel prend un air sérieux et déclare que tous les textes religieux sont différents, mais il ne sait pas en quoi. J'arrive à l'épater en lui montrant les similitudes entre l'histoire de Krishna et celle de Moïse.

Nous soumettons le problème à Oncle Menahem. Il y réfléchit un bon moment. Puis il affirme que la Bible de Mani est semblable à la nôtre, sans être tout à fait pareille. Nous avons le même père, Abraham, et les mêmes prophètes. Mais nous prononçons leurs noms différemment. Il voit bien que nous ne sommes pas vraiment convaincus et nous demande quelle est la différence entre un temple et une synagogue. Nous répondons : « A la synagogue il n'y a pas d'idoles, alors qu'au temple il y a des figures humaines avec des armes et des fleurs. » Je n'ose pas lui dire qu'il me paraît plus facile de prier au temple hindou, parmi les couleurs et les bruits. La synagogue est silencieuse et je ne parviens jamais à y trouver un point, un bindi central, sur lequel fixer mon attention. Je redoute sa réaction, mais je m'aventure pourtant à lui demander pourquoi nous ne pouvons pas avoir l'image d'un prophète barbu à la synagogue et, soudain, les yeux pleins de compassion du christ accroché dans la chapelle de mon école de sœurs me viennent à l'esprit. J'ai toujours eu de la peine pour lui, jusqu'au jour où Elisabeth, une camarade de classe, m'a traitée de « vous autres ».

Oncle Menahem ne m'écoute pas vraiment, il est trop absorbé par Mamie qui allume les bougies du Shabbat. La table est recouverte d'une nappe de soie blanche avec le mot « Shalom » brodé dessus, réservée au Shabbat et aux prières du Kaddish. Nous attendons ce jour impatiemment : nous nous couvrons la tête d'un mouchoir, nous serrant contre la table, tandis que Menahem récite les prières et soulève le napperon en crochet pour dire la bénédiction sur le riz pétri de pétales de rose, de raisins et de sucre. Il y a des dattes pour nous rappeler le désert, des bananes et des pommes, des omelettes sans sel et des galettes de farine de blé au sucre brun frites dans le ghee[1]. La cruche déborde du vin fait maison, avec du cassis que Mamie a mis à tremper la veille, puis qu'elle a bouilli, refroidi et écrasé à la main. Tout frais sorti du four en terre, le pain est posé sur la table avec le sel dans une coupelle bleue. A chaque phrase en hébreu, imitant l'oncle, nous prenons des dattes et des pommes, l'une après l'autre. Pour nous, les mots sont dépourvus de sens. Tant que les bougies du Shabbat ne sont pas allumées, nous avons le droit de bombarder Oncle Menahem de questions. Après, il se penche sur la bible, à ruminer et relire quelques passages disparates. Une fois que Tatie Hannah et Mère ont apporté les assiettes, remplies à ras bord de soupe fumante, il bénit le pain et le sel, et nous attendons d'être servis.

1. Beurre clarifié.

Les prières de fin de repas à peine achevées, la famille se disperse aux quatre coins de la maison. Mais nous ne manquons jamais de nous approcher de la table pour embrasser la lueur des bougies, du bout des doigts. Même Amina, Mani et Fatima le font. Oncle Menahem et Père pensent toujours à mettre des petites kippas bleues, brodées de fils dorés. Père reste muet durant les prières. Il dit qu'il a oublié les mots. Parfois il oublie même d'embrasser la flamme des bougies et il faut le lui rappeler.

Peut-être irons-nous bientôt habiter dans la maison de Danieldada. J'aime bien être avec lui ; pourtant je redoute d'y vivre avec ma mère. La tension permanente entre elle et mon grand-père me perturbe.

Quelquefois, les poches de silence pleines de colère rentrée éclatent en cris et en reproches. Ces jours-là, le soleil est plus ardent que jamais. La rivière est en pleine effervescence et les poissons s'y meurent. Nous sommes allongées dans le lit à fixer le plafond en silence. Un lézard s'y promène la tête en bas. Je me demande si ce n'est pas moi qui suis au plafond et l'animal qui est sur le lit. On ne se lâche pas du regard, lui et moi, pris dans une ronde vertigineuse. Selon Mani, un lézard qui vous tombe sur la tête, c'est signe de mort prochaine.

J'ai peur de perdre ma mère. Mais Mère n'a pas de mère non plus. Elle est morte jeune.

Sans Mani, je me sentirais orpheline.

Shahibagh

Le caméléon du jardin de Danieldada passe du rouge au jaune.

Je ne suis pas sûre d'apprécier le silence qui règne sur le quartier de Shahibagh. De temps en temps, les cris des paons nous parviennent depuis le palais de Shah Jahan. Un héron se tient sur une patte, sans un bruit, dans un filet d'eau au centre de la rivière. L'effervescence et l'agitation de la grande maison me manquent tout autant que la rue toujours encombrée de Delhi Chakla. Ici, personne n'ose entrer dans la maison. Depuis la fenêtre de la cuisine, Mohun surveille la porte d'entrée.

Le bus scolaire vient me chercher devant le portail. Je crois bien que je ne me ferai jamais d'amies ici. Je me sens gauche, engoncée dans mes vêtements mal ajustés. Les filles de Shahibagh sont bien habillées. Moi, je porte des robes qui me donnent l'air d'une vieille matrone ; Mère y tient absolument. Pour elle, mon corps est source de péchés. Il convient donc de le cacher. Une ceinture me serre les côtes. J'étouffe.

Je prends conscience qu'Oncle Menahem n'est pas mon père, et que Mamie n'est pas ma mère. Soudain, je me trouve confrontée à mon vrai père. Nous sommes tous deux des étrangers dans la maison de Mère. Dans la canicule de l'après-midi, nous nous languissons de l'autre maison. Sous prétexte d'aller s'occuper de ses pigeons, Père enfile des pinces à vélo sur son pantalon et y retourne. J'aimerais lui demander de m'emmener, mais son regard m'évite. Il ne veut pas que je reste trop attachée à l'ancien chez-nous.

Depuis la balancelle de la véranda, je suis Père des yeux, tout comme je guette la rue qui mène chez Mamie quand le bus scolaire l'emprunte. Si seulement je pouvais me trouver mal près de chez elle ! Le bus devrait alors s'arrêter et je pourrais demander au chauffeur de me laisser là-bas...

Mais cela n'arrive jamais. Pourtant, chaque fois que nous approchons du carrefour de Dilhi Darwaza, mon crâne palpite. J'aperçois toujours la mendiante, parfois même Mani qui fume une bidi chez le boucher. J'ai tellement envie de l'appeler, seulement je redoute la réaction des filles de Shahibagh, si sophistiquées. L'eau s'échappe de ma gourde tandis que nous dépassons la mosquée de Rani Roopmati. A la hauteur du vendeur d'attelages, une violente odeur d'urine de cheval nous assaille. Toutes les filles dégainent leurs mouchoirs à temps ; moi, je n'arrive jamais à trouver le mien.

J'attends avec impatience les jours où il n'y a personne dans la maison de Shahibagh. Ces jours-là, on me dépose chez Mamie. Pendant que Mani bavarde dans la cour avec Ruksanabibi, je me glisse dans sa couverture aux mille couleurs. « La mosquée avance, dit-elle, c'est pour ça qu'on l'appelle Chalte Pir ki Dargah, la mosquée du Saint qui Marche. Une fois par an, ils font des relevés. Et chaque fois, elle a bougé d'un centimètre. Pour faire un vœu, tu dois attacher une ficelle au treillis de la fenêtre. Si tu crois en l'esprit saint qui y habite, il se réalisera. L'esprit se déplace sous le tissu vert parsemé de roses rouges. »

Je me demande si ma grand-mère Léa avait, elle aussi, demandé une faveur à l'esprit. Vêtue d'un sari vert orné de roses rouges et d'un corsage de soie blanche, elle quitte le portrait au bromure accroché dans la chambre de Danieldada. Je la vois, le visage rond et le corps lourd, attachant une ficelle aux grilles de la fenêtre. Elle va d'une grille à l'autre, pour demander encore et encore que les esprits veuillent bien libérer son époux des bras d'une autre femme.

J'ai beaucoup de mal à croire que mon grand-père, ce charmant vieux monsieur, ait pu torturer qui que ce soit. Il semble si doux quand il noue mes lacets ou qu'il se débat avec les crochets de mon uniforme scolaire. Pourtant, je perçois une certaine rancune dans ses yeux quand il regarde ma mère, sa fille. Les souvenirs des vœux inassouvis de ma grand-mère les hantent. Je ne l'ai jamais rencontrée. Sur la photographie, elle semble aussi belle et tendre que Mamie. Il paraît que c'est d'elle que je tiens mes boucles naturelles.

Pollen

En mars, l'air est chargé du pollen des fleurs de mangue. C'est Holi[1]. Mère aimerait m'enfermer dans un placard. Lorsque ma voisine Pratibha m'appelle devant la porte, barbouillée de couleurs, elle ne lui ouvre pas.

Les couleurs fascinent Danieldada. Il dit qu'il est trop vieux pour jouer à Holi mais il aimerait bien que j'y participe. Il prend du sindoor[2] dans la chambre pooja de Mohun et m'en colore la joue. Puis la terreur nous fige : un nuage de taches orange est venu maculer ma robe bleu ciel. Nous la lavons de notre mieux, mais une auréole fuchsia persiste.

Nous courons dans le tunnel qui passe sous les pieds de Kali. Naomi semble nous pourchasser dans le noir, armée d'une épée. Nous ne la voyons pas. Elle est là sans l'être, sa présence est palpable tout autour de nous. Je sens la sueur froide sur les paumes de Dada.

C'est pendant le dîner que Naomi remarque la tache rose. Ses traits se durcissent tandis qu'elle cherche le regard

1. Fête hindoue célébrant la fin de l'hiver, où on se lance de l'eau et des poudres de couleurs vives.

2. Poudre orange.

de Danieldada, par-dessus ma tête. Il affiche un sourire coquin et dit à Père que s'il était plus jeune, il jouerait encore à Holi. Même qu'il en remontrerait aux gamins qui dévalent les rues !

Danieldada et Père reprennent une rasade de bhang[1], concocté par Mohun avec des fleurs de chanvre, des pétales de rose, de la menthe, du lait et une pièce de monnaie, ajoutée là on ne sait trop pourquoi.

Au grand mécontentement de Mère, Père boit avec Danieldada, verre après verre. Leurs yeux brillent, la fleur du kesuda s'épanouit sur leurs joues, et leurs rires montent tels les flots de la rivière Sabarmati en crue. Je ris avec eux. Le kesuda, l'arbre du printemps, bourgeonne – les feuilles sont tombées et les fleurs rouge sang aux pistils de velours se dressent sur les branches épineuses. Lorsque le bhang lui monte un peu trop à la tête, Danieldada dit à Mohun de faire infuser des fleurs de kesuda. L'eau prend une teinte orange sublime. Naomi est fâchée et avale son repas comme si elle était pressée, mais dans ma gorge la galette se ballade et refuse de descendre. Elle quitte la table les larmes aux yeux, suppliant Grand-père de ne pas corrompre « sa » famille et se plaignant amèrement de ce que nous ne fêtons plus Pourim[2].

Je m'imagine déguisée pour Pourim en reine Esther, avec une grande robe brune brodée d'argent, mes cheveux épars surmontés d'une couronne de papier. Exactement comme l'image dans notre petite bible. J'espère seulement que la cousine Malka ne va pas se déguiser en reine aussi. Je veux que Mère m'achète une robe plus belle que celle de Malka, pour l'élégante fête costumée à la synagogue. Mamie pense que nous devrions mettre des costumes indiens et que je serais parfaite en pêcheuse de Konkani, comme dans l'histoire de notre débarquement sur le sous-continent, ou encore en dame de la haute société bengalie. Je refuse de l'écouter.

1. Boisson sucrée et enivrante que l'on prépare pour certaines fêtes, notamment Holi.

2. Fête juive où les enfants se déguisent.

Ce sera reine ou rien. Samuel et nos jeux de rêves éveillés me manquent. Je suis certaine qu'il sera habillé en Mardochée. Celui qui comprend toujours tout.

L'huile renfermée dans ma natte serrée dégage une odeur rance qui tourne autour de ma tête, tel un halo. Mère ne m'autorise jamais à lâcher mes cheveux, même pour la fête déguisée à la synagogue.

De toute manière, nous ne pourrons y aller que si Mamie nous envoie la victoria. C'est-à-dire si elle nous invite à nous joindre à elle. Je ne suis pas sûre que Mamie ait envie de voir ma mère, mais je suis certaine qu'elle enverra Mani me chercher.

Au bout du compte, on se retrouve toujours en spectateurs, avec nos habits tout ce qu'il y a de plus ordinaire. Les garçons en culotte courte kaki et chemise blanche, les filles en robe à froufrous, rose ou bleue, sous le genou. Nos chaussures cirées sont aussi luisantes que nos cheveux huilés. Mais dans nos rêves, nous sommes des reines et des rois très supérieurs, qui regardent le bon peuple de haut.

Danieldada me raconte comment il cherchait à convaincre ses trois filles et sa femme Léa de jouer à Holi. Mais Léa était persuadée qu'il y avait quelque chose de terriblement non juif à célébrer les fêtes d'autres religions, que cela revenait à trahir la sienne.

Les cris joyeux de fillettes trempées d'eau, courant partout, les cheveux bariolés, tout cela lui semblait source de péché.

Si seulement ma mère pouvait s'ouvrir au chatoiement des couleurs et à la fragrance du pollen dans sa chevelure !

Il paraît difficile d'imaginer Danieldada ailleurs que dans le cadre discipliné de la vie familiale juive. Sur la photographie qui le montre jeune homme, il ressemble trait pour trait à un officier britannique *pucca*[1], affublé d'un costume de bonne facture, prenant une noble pose dans un fauteuil finement sculpté. Une veste courte, serrée à la taille, une cravate piquée d'un diamant, une rose tenue du bout des

1. Plein d'assurance, voire même hautain.

doigts. Sa fine moustache forme une courbe gracieuse et ses cheveux gominés font de jolies vagues. Il raconte qu'il se faisait faire des chaussures vernies sur mesure par un cordonnier chinois du Boulevard Relief.

Samuel est épaté et déclare que Dada a de la classe.

Danieldada met un point d'honneur à manger avec une fourchette et un couteau. Nous, nous mangeons toujours avec les mains et j'essaie d'utiliser une serviette, comme lui. J'aimerais bien apprendre à manger comme lui, mais Mère ne semble y attacher aucune importance. Elle perçoit mon attirance pour les manières de Grand-père et me dit qu'il a toujours été ainsi, même du temps où Léa était vivante. Quand Naomi prend ce ton, je sais qu'elle coupera court à tout débat.

Grand-père est très bavard, surtout à l'heure du dîner. Il change de tenue pour le repas, se tapote les joues de son eau de toilette favorite Yardley et préside majestueusement la table, un doigt de whisky à portée de main. Il bavarde avec Mohun, toujours debout à sa droite, ce qui exaspère Mère. Père et moi l'écoutons attentivement, Mère reste distante.

Quelquefois, Mère lui décoche une flèche empoisonnée : elle lui demande pourquoi il n'a jamais parlé à sa mère comme il parle à Mohun.

Il ne répond pas, n'interrompt même pas son discours. Quand il raconte une histoire, il ne regarde jamais Mère. Son regard s'attarde parfois sur les traînées d'eau qui lézardent mes jambes. Je n'arrive jamais à me laver comme il faut, en rentrant de l'école. C'est curieux comme ça fait penser à des traces de larmes.

Mère signale à Danieldada qu'elle a passé tout Holi à rattraper les taches qui maculaient le sol de la salle de bain et ses vêtements.

Les couleurs s'évanouissent de leurs yeux.

Dans notre petit pavillon de Shahibagh, nous sommes tous reliés par des spirales de tension. Je ne les avais jamais senties dans l'ancienne maison, mais elles devaient déjà y être. Ici, elles semblent s'être resserrées autour de moi. Je me sens tomber.

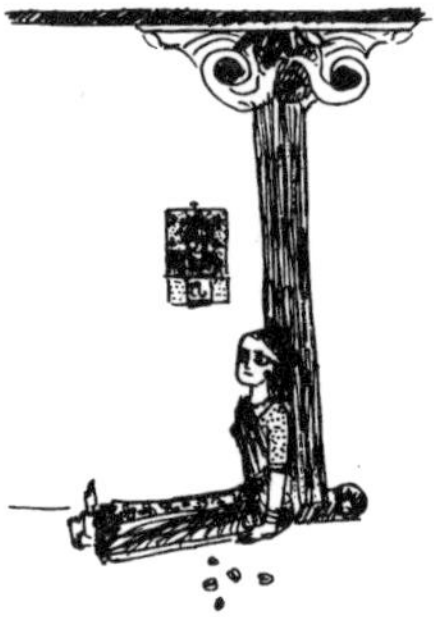

Jeux de coquillages

J'attends le bus scolaire. Au-dessus de ma tête, une fille de mon âge avance à petits pas sur une corde raide. Ses cheveux ébouriffés lui tombent dans les yeux et son corps flotte dans ce qui reste d'une robe bien trop grande pour elle. Son père joue du tambour, tandis que sa mère tend la main pour recueillir quelques pièces. Dans sa paume, la ligne de vie est coupée par une cicatrice de crasse.

J'attends les grandes vacances. Mamie se languit de moi. Je rêve de me réfugier dans mon coin favori de la vieille maison. Mère dit que je suis comme les chats, que je préfère les maisons aux gens. Voilà que je me sens coupable d'aimer la vieille maison. Bien sûr que j'aime les gens.

Subhadra a une vision de Kali : elle brandit une épée et porte un chapelet de crânes à la ceinture. Nos vies ont soudainement changé. Je ne sais pas pourquoi. Subhadra n'est plus la même. Elle porte une jupe longue et un demi-sari. Je suis horrifiée de découvrir ses cheveux coupés ras, à cause des poux. Elle ne peut plus jouer avec ses longues tresses. Pour moi, ses cheveux avaient quelque chose de sacré. Je faisais très attention à ce que nos têtes ne se touchent pas, quand nous jouions aux coquillages de porcelaine. Maintenant, sans ses nattes, elle ressemble à son frère.

Je réalise que sans trop nous en rendre compte, nous avons dû quitter l'enfance. Subhadra a arrêté l'école et sa mère parle de fiançailles. Je regarde mon uniforme d'écolière et j'ai le sentiment de ne pas avoir grandi, alors que Subhadra est déjà une femme. D'ailleurs, elle a toujours été en avance sur moi. Quand je n'étais même pas encore capable d'allumer le four, Subhadra savait déjà façonner de magnifiques chapatis ronds, faire frire les galettes et découper les gombos à la perfection. Chez nous, on interdit aux enfants de toucher au feu, aux couteaux et aux appareils électriques.

La mère de Subhadra pense que sa fille retrouvera peut-être le moral si je passe quelque temps avec elle. J'aligne les coquillages sur le sol en mosaïque, préparant un jeu que Subhadra affectionne. Tandis que je lance les dés, elle fixe du regard les coquillages blancs, puis les ramasse et les jette rageusement. Alors je range les dés dans leur boîte. Je crois que notre enfance est terminée. Les coquillages prennent un aspect inédit; comme des lèvres scellées sur les mystères de nos vies.

Je regarde les yeux de Subhadra, soulignés au khôl et vides de toute expression. Elle semble aussi distante que la déesse Durga dont une image orne un mur de sa maison. J'aimerais me baisser pour lui toucher les pieds, comme je l'ai vue faire avec ses dieux. J'ai envie de partir en courant.

Les mille-pattes ont dû pénétrer les oreilles de Subhadra. Ils ont sans doute été attirés par l'huile parfumée avec laquelle sa mère lui masse le cuir chevelu, pour stimuler la repousse. Sa tête est plâtrée d'une mixture d'huile de moelle et de groseilles et semble laquée d'un vernis violacé. L'huile dégouline de son front à ses oreilles, en traînées vertes, et je suis certaine que c'est ce qui a attiré les mille-pattes.

Je tiens sa mère pour responsable de ses malheurs.

Selon Mani, une tête pleine de poux est hantée par les esprits. Je me garde bien de ramener des poux, parce que Mère m'arracherait les cheveux à coups de peigne fin.

La mère de Subhadra m'arrose de sourires charmeurs et me donne une assiette de galettes aux herbes croustillantes, accompagnées d'un morceau de mangue crue à l'aigre-douce, marinée dans l'huile de moutarde. Elle sait bien qu'elle est la meilleure cuisinière du monde. Dès que sa mère part au temple, Subhadra soulève sa jupe pour me montrer ses mollets. Je m'attends à découvrir une nouvelle paire de bracelets de chevilles, mais je vois sur sa jambe les marques du tisonnier que sa mère utilise pour brasser le charbon dans le four d'argile. Les larmes me montent aux yeux et la mangue n'a plus aucune saveur. Subhadra voudrait retourner à l'école, mais sa famille veut qu'elle épouse un garçon qu'elle n'a jamais vu. Elle a peur.

Son amant inconnu ne la fait pas rêver.

Mani me raconte que des cris et des hurlements lui parviennent de la maison de Subhadra. Une nuit, alors qu'elle fumait une bidi sur le trottoir, elle l'a entendue supplier ses parents de la laisser devenir médecin. Elle est très bonne en maths et en sciences. Sa mère lui a rétorqué qu'elle avait elle-même été mariée à l'âge de cinq ans et n'était jamais allée à l'école. Subhadra a déjà treize ans, et au moins elle sait lire et écrire.

Mani pousse un soupir puis me raconte qu'elle a été promise alors qu'elle était encore dans le ventre de sa mère. Elle pense que de mauvais esprits se sont emparés de Subhadra pendant qu'elle se promenait sous le tamarinier, au crépuscule. Du reste, affaiblie par trop de larmes versées, elle a dû leur être une proie facile. Tout le monde pense qu'elle se sentira mieux une fois mariée.

Les sidis[1] passent près de la maison et parmi eux, une énorme femme noire portant un pot de terre où se consume du camphre. Sa tête est couverte et elle porte une robe

1. Indiens noirs d'origine africaine.

longue. Les hommes vêtus de lungis[1] agitent de grands éventails en plumes de paons et les autres membres du groupe chantonnent un air étrange. Ils avancent d'un pas de transe. Oncle Menahem dit qu'ils viennent d'Abyssinie, que leurs ancêtres sont arrivés en Inde comme esclaves du nabab de Junagadh. « Et il fut un temps, ajoute-t-il, où ils régnèrent sur Ahmedabad. »

Je cherche sur l'atlas. Je découvre que ce que Menahem appelle l'Abyssinie est en fait l'Ethiopie. Et c'est ainsi que, chaque jour, une partie infime de la mystérieuse Afrique fait le tour de notre maison.

Subhadra a la chair de poule quand elle les entend passer. Sa mère les arrête pour leur donner l'aumône et ils bénissent leur demeure.

On a emmené Subhadra chez l'exorciste qui officie dans le bidonville de Shahpur, le long du lit de la rivière. Ses oreilles bourdonnent du battement des tambours en boyaux de chèvre. Les émanations de piment jeté au feu lui brûlent les yeux. Selon sa mère, le mauvais esprit tapi en elle aurait crié « Je m'en vais » avant de lâcher prise.

Assise par terre, j'attends qu'elle se lève pour que nous puissions jouer, mais elle dort à poings fermés.

Dans le quartier animé de Dariapur, il y a un temple entouré d'un jardin, avec de jeunes sapotiers et un petit étang où poussent des nénuphars.

« C'est là, dit Mani, qu'on a trouvé le corps de Subhadra, flottant au milieu des fleurs blanches. Mais cet étang est trop petit pour s'y suicider », ajoute-t-elle d'un air entendu.

Il nous est interdit d'évoquer Subhadra. Mère ne veut pas que je vive à l'ombre des morts. Elle ne peut pas oublier le décès de sa mère. Lorsqu'elle revient de chez Subhadra, elle est inconsolable. Mamie l'oblige à s'allonger et lui donne une goutte de cognac pour la calmer. Mani et

1. Sorte de sarong : tissu noué à la taille et couvrant les jambes. Vêtement masculin.

Fatima l'éventent et lui massent les pieds, tout en murmurant des choses à propos de la mort de sa mère. Mamie dit que Mère n'est pas en état de s'occuper de moi.

Des questions sans réponse viennent hanter mes nuits troublées. Mulots et mangoustes cavalent sur le toit. Des ogres ailés aux faces vertes et aux pieds retournés s'introduisent dans mes rêves. Ils sont suspendus au plafond, tête en bas comme des chauves-souris. Je me réveille d'avoir parlé dans mon sommeil.

Le doux sari blanc de Mamie ne suffit plus à m'apaiser. Elle essaie de m'apprendre le Shema[1] qui, selon elle, m'aidera à chasser le mal de ma tête. Je répète après elle des mots que je ne comprends pas. Elle me montre la mézouza[2] sur la porte et me dit que je n'ai pas à avoir peur.

Des gueules violettes surgissent aux côtés des faces vertes et je vois Subhadra. Nous jouons au nagolchu. Il y a sept pierres empilées et nous tentons de faire valser la plus haute avec une balle, qui s'envole par-dessus la tête de Subhadra avant de lâcher une corde qui forme un nœud coulant autour de ses pieds. Tête en bas, elle s'envole vers le ciel. La corde l'emporte comme le cerf-volant qui avait piqué mon chapati à l'école. Je m'enfonce encore davantage dans ma couverture aux perroquets verts et aux roses rouges.

Il me faut oublier les oiseaux de la nuit. J'ai besoin d'aide.

Mani interprète mes rêves. Cela m'angoisse. Elle est persuadée que comme je suis innocente et que Subhadra fut si proche de moi, je verrai poindre la vérité dans mes songes.

---

1. L'une des prières de base du judaïsme, « Ecoute Israël… ».

2. Ornement du montant de la porte des foyers juifs, qui renferme un parchemin avec le Shema Israël.

Hanuman

Assises par terre, Amina et moi bavardons lorsque apparaît soudain, depuis la véranda ouverte, le visage noir d'un entelle mâle, découvrant des crocs blancs étincelants et des gencives rouges. Le singe se précipite dans la cuisine, puis il se rue sur Amina et lui arrache sa tartine trempée de thé. Elle pousse un hurlement. Elle a toujours redouté une morsure de singe et les nombreuses piqûres dans les replis du ventre qu'il faut subir ensuite.

Mani, toujours philosophe face au danger, évente une Amina pantelante, jambes écartées sur le sol, tout en me racontant que les entelles sont fondamentalement des créatures aimables qui pourraient même m'aider. Amina souffle sur le thé que Fatima lui a versé dans une soucoupe, et me dit de ne pas écouter Mani. Toutes trois s'accordent néanmoins à penser que les prières offertes à Hanuman ont le pouvoir d'éloigner les fantômes d'ici-bas, et contribuent à éloigner ces entelles qui m'effraient tant. Elles guettent la porte pour voir si Mamie ou quelque autre autorité se trouve dans les parages, puis proposent de m'emmener au temple. Mais comment pourrais-je les y accompagner ? Jamais la famille n'autoriserait pareille folie.

Père vient me chercher en vélo. Je grimpe à l'arrière, m'accroche à son dos comme un bébé singe et Mani rajuste ma robe tout en glissant subrepticement un livre de prières à Hanuman dans mon cartable. Je cache le livre sous mon oreiller et ramène les draps par-dessus ma tête.

Les rêves persistent. Subhadra, la main figée en plein mudra[1], s'apprête à dessiner un tilak[2]. Elle semble avoir élu pour demeure éternelle les sculptures obliques qui tournoient sous la voûte de mon esprit. Les yeux écarquillés, un sourire béat caresse ses lèvres. Des yeux de pierre fixent la paume de sa main, miroir de son destin.

Au jardin, je fais semblant de lire le livre de prières mais le sens des mots m'échappe.

Je roule des morceaux d'argile pour en faire un Hanuman. Façonner une tête d'animal sur un corps humain, ça n'a rien de facile. Mon Hanuman ressemble à un amas granuleux d'argile.

J'emprunte à Mohun une lampe en terre cuite et du sindoor pour prier mon petit dieu informe, au son d'une clochette. La mélodie me rassure. Mohun ignore tout de mes angoisses mais il se joint à ma prière. Puis il m'explique les dangers qu'il y a à fabriquer des dieux d'argile et à les laisser sans surveillance sous le ciel nocturne. Il détecte la peur dans mes yeux et propose de réparer mon erreur en plongeant mon Hanuman dans la mare aux nénuphars. Je lui demande de garder le livre. Il opte pour un jour de jeûne, juste au cas où j'aurais fait quelque chose de mal. Je me sens si coupable à l'idée qu'il souffre à ma place que je ne peux rien avaler non plus.

Inutile de préciser à Mohun que c'est un secret entre lui et moi.

---

1. Geste de la main des danses Bharath Natyam.
2. Point appliqué sur le front lors d'un rituel religieux.

Chaque fois que je passe près de la mare, j'aperçois le petit tas d'argile qui se désagrège, mon petit dieu assis paisiblement au fond de l'eau. Si Mohun ne l'avait pas découvert, j'aurais pu garder ce secret pour moi longtemps.

Mais alors, sous le ciel nocturne, l'argile aurait pu prendre la forme d'un ogre, un ogre de plus, qui serait venu tourmenter mes rêves.

Chaînes

Naomi ne sait pas que je connais l'histoire de sa mère. Danieldada m'a tout raconté. Pas d'une seule traite mais par bribes, selon les jours, selon les heures, selon les humeurs. Mais toujours au même endroit, sur la balancelle. J'ai mis les bribes bout à bout et depuis je rumine l'idée de la mort – celle de Subhadra et celle de ma grand-mère Léa –, m'efforçant de saisir le concept de l'être et du non-être.

J'ai peur de me retrouver sans mère et sans abri, comme la mendiante. Le sari frais et rose de ma mère semble si vivant au toucher. Si seulement elle me prenait dans ses bras plus souvent…

Danieldada me parle tout bas. Les paons et perroquets qui ornent les chaînes de la balancelle l'écoutent avec moi et mon pied accompagne le va-et-vient; surtout ne pas faire de bruit, ne pas déranger Dada, de peur qu'il n'interrompe ses confidences. Je sais maintenant d'où lui vient cet air triste. Parfois, il ouvre son placard en fer à l'aide d'une méchante clé qui grince atrocement après le deuxième tour, et en extrait mes bracelets de chevilles. Quand je les sors de leur papier rouge crissant, leurs grelots d'argent tintent. Je sais alors que Dada a envie de parler.

Comme s'il accomplissait un rite secret, il me les attache. Ces après-midi-là ont la saveur d'un fruit défendu. Nous guettons les jours où nous sommes seuls à la maison.

Danieldada n'est pas du tout censé me raconter ces vieilles histoires. Mère a des idées bien arrêtées sur ce qu'il convient de me livrer au sujet de sa mère. Il me dit que Naomi l'a prévenu que je ne devais pour rien au monde ressentir l'ombre de sa tristesse. Mais quand on est assis près de Dada, c'est comme si l'on se tenait à l'abri d'un arbre, avec son jeu d'ombres, de lumières et de couleurs.

Il a besoin de parler à quelqu'un. Si cela n'avait pas été moi, ç'aurait été l'écureuil qui vient chercher des miettes sur la véranda. Il dit que jamais il ne racontera son histoire à quelqu'un d'autre, mais qu'il lui semble que moi je dois connaître la vérité. Son secret est comme un fantôme qui partagerait sa vie. Chaque fois que nous nous retrouvons, il commence par me demander si j'ai raconté son histoire à quelqu'un. Il jalouse l'amitié que j'éprouve pour mon cousin Samuel. Il ne sait pas que je me contente d'écouter les histoires de Samuel, sans jamais lui raconter les miennes, pas même celles qui concernent Subhadra.

Le récit de Grand-père m'a aidé à comprendre pourquoi Mère n'a jamais pu se faire à l'ancienne maison, qu'elle qualifie souvent de « place du village ». Elle a besoin de vivre au calme, auprès des souvenirs de sa mère.

J'essaie de comprendre l'attitude de Danieldada envers Mère. Ils semblent si mal à l'aise l'un avec l'autre, et Mère ne se pardonne pas de n'être qu'une fille et non un fils. Elle fait de son mieux pour être l'homme de la famille. Elle va travailler à l'extérieur, alors que les deux mâles restent à la maison. Elle assume plus de responsabilités domestiques qu'eux, mais il arrive qu'elle se lasse. Elle se sent alors soulagée de voir Danieldada se reposer davantage sur Père. Je me demande si elle n'a pas volontairement provoqué une situation de crise chez Mamie pour nous forcer à emménager avec Grand-père. Je crois qu'elle voulait faire cadeau à Dada de mon père, ce fils qu'elle ne peut pas être.

D'un père à l'autre

Père apprécie son nouveau rôle. Le voilà devenu un homme d'importance, alors que dans l'autre maison, c'est Oncle Menahem qui régnait en maître.

Il faut que je vous en dise plus au sujet de mon père. Depuis que nous avons emménagé chez Danieldada, j'ai appris à mieux le connaître.

Comme tous les hommes de notre famille, il a belle allure, mais son épaisse tignasse et son imposante moustache soignée contrastent avec l'apparence négligemment broussailleuse qui caractérise mon oncle.

A l'opposé de Père, Menahem ne semble jamais trouver le temps de se rendre chez le barbier. Tout son temps libre est consacré à la lecture de revues médicales ou à la préparation de potions d'herbes contre les fièvres et les maux de tête. Il arbore avec fierté un fez en peau de mouton, qu'il ajuste avec précision au sommet de sa tête. C'est d'ailleurs le seul moment où il se regarde dans un miroir.

Père, en revanche, est fasciné par les miroirs. S'il le pouvait, il en aurait un dans chaque pièce, pour pouvoir s'admirer sous divers angles, dans des lieux différents. Cela agace prodigieusement Mère qui, elle, ne se sert d'une glace que pour se poudrer le nez ou fixer l'ultime épingle de son chignon. Elle juge que de se regarder ainsi est signe de vanité. Mais en matière de miroirs, Père fait fi de son opinion et Danieldada le soutient, estimant qu'il est bon pour un homme de savoir de quoi il a l'air.

Père a un miroir haut d'une vingtaine de centimètres : son piège à vanité. On le trimballe de la grande table à la salle de bain et, le dimanche, on l'installe dans le jardin en attendant l'arrivée de Sulemanbhai. C'est lui le garant de l'allure toujours soignée de Père, qui l'attend assis au soleil, près du rosier, les yeux fermés.

Balayées par le soleil matinal, les mèches jaunes et rouge henné de Sulemanbhai s'accordent à la couleur des roses. Ses cheveux sont coiffés en arrière, sans raie. Ils font contraste avec sa barbe hérissée encadrant deux canines tachées de bétel. L'effet est saisissant. Ses yeux marron ont l'éclat dangereux d'une hyène. A le voir, on s'attendrait à ce qu'il égorge Père d'un coup sec de son rasoir. En vérité, il est d'une grande loyauté. Voilà des générations qu'il est le barbier attitré de la famille. Jadis, il a même assisté à la circoncision de Père et caressé les cheveux du nouveau-né. Dès cet instant, il savait qu'il tenait là un client à vie.

Sulemanbhai habite un deux-pièces situé derrière la maison de Grand-mère, à Delhi Chakla. Bilkis, son épouse dodue, est la reine du pudding aux œufs. Il descend à Shahibagh sur son vélo rouge, chargé d'une collection de rasoirs, ciseaux et pinces à épiler, soigneusement rangés dans une petite boîte à outils verte, joliment décorée de roses. On lui a préparé un chaise et deux tabourets, l'un pour poser sa boîte, l'autre pour lui. Père s'assied sur la chaise, face au miroir.

Sulemanbhai pose un drap blanc sur le torse nu de Père qui somnole, puis il aiguise la lame, plonge le blaireau dans l'eau chaude et le passe sur le savon à barbe pour obtenir une mousse onctueuse. Il l'étale sur les joues de Père d'un geste circulaire du poignet, comme s'il peignait. Il ne pose le rasoir que lorsque la peau est lisse et brillante. Inspectant ses cheveux, il tourne autour de Père d'un pas de toréador et lui assène de brefs coups de ciseaux. Enfin, il retire le drap et le secoue vers le rosier pour en faire tomber les cheveux. Les mouvements de Sulemanbhai obéissent à une chorégraphie immuable. Seuls ses récits évoluent, de funérailles en mariages, de naissances en enlèvements épiques. Il sait tout sur tout le monde et adore partager sa science avec Père, dans son étrange palanpuri[1]. Parfois nous nous surprenons, Père et moi, à parler ce même hindi, caractéristique de Dilhi Darwaza.

Selon Mère, Sulemanbhai est une vraie commère et en plus il contamine notre langage. Ce à quoi Danieldada rétorque qu'il ne pourrait pas travailler correctement s'il ne parlait pas autant. Pour exercer son art, il a besoin d'entendre le son de sa voix. C'est seulement lorsqu'il tend le miroir à Père qu'il cesse enfin de parler et c'est avec une attention absolue qu'il observe sa réaction.

Ensuite, Père lève les bras afin que Sulemanbhai puisse lui raser la poitrine et les aisselles. Alors Père se réveille pour de bon et demande à Mère de lui préparer son bain. Pendant qu'à la salle d'eau les bassines s'entrechoquent, Sulemanbhai se concentre sur les ongles de Père. Il les coupe avec une lame nue, puis les polit et retire les peaux mortes. Ça, ça me fait toujours des drôles de chatouillis dans le ventre.

Moi, je préfère le coupe-ongles « made in England » de Danieldada.

Père est fasciné par les fusils et aussi par les meubles anciens.

Mère s'inquiète pour son avenir. Il n'amène pas le sujet des fusils à la table du dîner, histoire d'éviter les disputes. Quand il chasse des perdrix, dont il me sait friande, Mohun les cuisine en silence. Je me demande combien il faut de perdrix pour préparer un curry pour cinq ? Mais

1. Variante du hindi parlée dans le Palanpur.

Dada aime bien parler de fusils, de gibier et de meubles anciens et la tension de Mère monte tout au long du repas. Du coup, Père répond à ses questions en évitant le regard de Mère et Danieldada fait de même.

Je me demande parfois si Dada exerce une mauvaise influence sur Père…

Il croit dur comme fer que Père finira par réussir, mais Mère en doute et lui demande, la voix lourde de sarcasme, s'il compte trouver du travail à coups de fusil. Les veines des mains de Père se gonflent dangereusement tandis qu'il saisit une aile de perdrix avec son chapati. Je suis inquiète. Père va-t-il continuer son repas ou bien quitter la table? J'aimerais bien lécher la sauce brune qui brille au fond de la cocotte. J'attends que la conversation aborde des rivages plus paisibles, et je soupire de soulagement en voyant Père opter finalement pour la perdrix. J'aimerais tant qu'il ait toujours l'air heureux, celui qu'il a en rentrant de la chasse, le gibier jeté par-dessus l'épaule. Avec ses traits réguliers et sa belle chevelure, il me fait penser à Tarzan.

Danieldada met son garage à la disposition de Père. Vu qu'il n'a plus de voiture, il suggère que Père y installe un atelier, pour fabriquer des meubles ou réparer des fusils. Il règne entre les deux hommes une confiance absolue. Quant à Mère, elle est perturbée. Elle se dispute avec son père car elle estime qu'il serait financièrement plus raisonnable que son époux prenne un emploi de bureau, comme Danieldada l'a fait en son temps. Mais ce dernier lui rétorque que contrairement à lui, Père n'a pas l'esprit d'un employé de bureau. Un point c'est tout.

« D'ailleurs, déclare Danieldada, si j'avais eu un fils, je l'aurais encouragé à faire quelque chose de créatif. » Je me demande bien pourquoi il n'a jamais poussé ses filles à développer leurs talents artistiques. Quoi qu'il en soit, c'est rassurant de sentir le lien qui unit les deux hommes, et la forteresse de ma cité y gagne en solidité.

Les odeurs de sciure, de poudre à fusil, de tabac et de forêt me font immanquablement penser à Père. Hasmukh

Mistry, le menuisier qu'il a déniché au bazar de la rivière où il vendait des tables basses sculptées, travaille avec lui à présent. Je n'arrive même pas à comprendre comment une seule personne peut fumer autant de bidis. Son nom signifie « visage souriant », mais il ne sourit jamais.

La sécheresse l'a forcé à quitter Banaskantha pour Ahmedabad et je vois la terre craquelée et poussiéreuse dans ses yeux. Il a dû vendre ses terres et n'a jamais pu gagner assez d'argent pour retourner auprès de sa femmes et de ses trois enfants. Tous les mois, il leur envoie un mandat de deux cents roupies, ce qui, dit-il, lui est très difficile.

Selon Mistry, posséder une vache et un champ, c'est ça qui donne un sens à la vie d'un homme. Au lieu de dormir sous un arbre de son champ, voilà qu'il dort sur le trottoir, sous un lampadaire. Un autre homme de son village lui tient compagnie et, ensemble, ils font rôtir leurs épaisses galettes de millet dans une poêle en terre, sur un feu de fortune.

Dans la journée, Hasmukh fait sa toilette au robinet du jardin et mange à la cuisine avec Mohun. Mais le soir, il préfère rejoindre son ami sur le trottoir d'Ambavadi. Père travaille plus dur maintenant qu'il se sent responsable de Mistry. Ils fabriquent des tables basses sculptées. Mère est moins tendue et l'aide davantage. Après dîner, Père retourne à l'atelier pour réparer des armes de nababs ou de rajahs et Mère fait la comptabilité.

Durga

Le soleil de l'après-midi, véritable fournaise, pèse sur la véranda et fait jaillir des épisodes de la vie de Danieldada. Je sens la présence de ma grand-mère Léa : elle filtre au travers des lamelles rafraîchissantes du store. Elle est morte quand ma mère avait mon âge. Selon Danieldada, elle ne voulait plus vivre parce qu'elle n'avait plus confiance en lui, et c'est depuis lors que sa fille Naomi le déteste.

Il y a longtemps, raconte-t-il, il lui prenait parfois l'envie d'aller à la synagogue. Il aimait particulièrement la fête de Simhat Torah, où l'on danse autour de la teva[1] avec les rouleaux de parchemin du Livre Saint. Il me montre sa kippa bleue défraîchie et tripote les broderies d'or effilochées. Le regard malicieux, il dit qu'il savait bien que les femmes aimaient à le regarder.

C'est en de telles occasions qu'il se sentait plus juif que jamais, quand ses épaules frôlaient celles de ses frères,

1. Sorte d'autel au centre de la synagogue, où l'on lit des passages de la Torah.

quand ses pieds bougeaient au rythme d'un chant hébreu venu du fond des âges.

Lorsque ensuite il rentrait chez lui, il s'attendait tout naturellement à ce que Léa et leurs filles observent les rituels d'un judaïsme déjà oublié. C'est comme si ces traditions étaient pour lui un radeau auquel s'accrocher, alors que Léa et lui s'éloignaient l'un de l'autre. Elle était bien ancrée dans l'univers de son foyer, tandis que lui dérivait vers les tables de jeu et les fêtes nocturnes organisées au club.

Ils ne se parlaient presque plus. Les rituels étaient perdus, mais il arrivait parfois qu'un mot d'hébreu se glisse furtivement au creux de leur mémoire.

Le vide étendait son royaume et aucune image ne semblait cadrer avec l'autel de l'esprit, hormis la figurine nue de Parvati dans son écrin de verre.

Dada m'avoue qu'il se faisait horreur. Lorsqu'il s'est vu glisser sous le voile ébène de la peau de Durga, qu'il s'est senti fondre dans le timbre argenté de sa voix, il aurait voulu mourir.

C'est Naomi, venue au club pour une partie de badminton, qui avait découvert la liaison qu'entretenait son père autour d'une table de jeu. Danieldada prétend que cette relation n'était pas bien sérieuse, mais que Mère était trop jeune alors pour le comprendre et qu'elle s'était sentie menacée.

Les journées de Léa s'écoulaient dans une routine domestique qui émoussait son esprit – compter les vêtements pour le dhobi[1] qui arrivait avec son bouvillon, rappeler au cuisinier de bien laver la coriandre, retendre les moustiquaires autour des lits, passer les chambres à l'insecticide. Puis, une fois qu'elle s'était lavé le visage et qu'elle avait ramassé ses longs cheveux sur sa nuque, elle s'asseyait pour écouter le chant des cigales en attendant que la famille rentre, le soir. Parfois elle somnolait dans le fauteuil en rotin, sous le jasmin grimpant. Routine aliénante peut-être, mais oh combien rassurante.

1. Personne qui lave le linge et les vêtements.

Le secret de Naomi n'avait pas tardé à venir aux oreilles de Léa.

Alors son univers avait dû s'écrouler, le train-train paisible de sa vie se dissoudre dans un bain de troubles acides. Voici que l'alcôve vide de son esprit allait épouser les courbes pleines d'une femme. Celles de la belle Durga, ambrée et menaçante.

Comme la plupart des femmes juives de sa génération, Léa avait été éduquée à penser que toute coquetterie était chose vaine, et que les femmes devaient se vêtir avec décence et préserver leur vertu. Depuis des siècles, la loi tacite des anciens imposait aux femmes juives de s'effacer. Tant qu'elles resteraient dans l'ombre, aucun péril ne guetterait la communauté.

Quant à Danieldada, s'il était attiré par les couleurs vives et le glamour, il attendait néanmoins de ses filles qu'elles adoptent le mode de vie traditionnel, qui les mettrait à l'abri d'influences indésirables. Mère m'impose la même règle, à son tour.

Léa était encore adolescente lorsqu'elle avait épousé son grand-cousin Daniel. Ils étaient comme frère et sœur, ayant reçu une éducation similaire. Un lien très profond, que leurs filles ne soupçonnaient guère, unissait Léa et son époux. Léa savait bien qu'il aimait regarder les belles femmes, mais elle n'avait pas imaginé qu'il lui serait infidèle. La description que Mère lui avait faite de Durga avait dû bouleverser Léa, dont l'amour-propre avait dû souffrir d'autant plus que sa fille était au courant de la liaison de son père.

Une photo de Léa montre un corps fatigué, aux seins tombants et des yeux dénués de toute coquetterie. Durga, avec ses grands yeux noirs, sa taille de guêpe et son corps jeune et ferme, avait dû envahir les rêves de Grand-mère, sous les traits de la déesse homonyme, chevauchant un tigre, ses nombreuses mains armées d'épées.

Mani aurait dit que c'est comme d'être hanté par un esprit.

Danieldada tentait désespérément de conserver son équilibre, face aux éléments féminins de l'univers. Une main constamment occupée à balayer les traces de kumkum que le bindi de Durga avait laissées sur son revers, l'autre allumant les bougies du Shabbat. Le confort, pour lui, c'était porter des pyjamas à rayures vertes et parler en marathi, la langue maternelle de leur exil. C'était comparer les bulletins de notes de ses filles ou le prix des légumes et partager des recettes familiales, comme celle du halva caoutchouteux à base de blé et de lait. C'était se conformer à son rôle de père et d'époux, plutôt que jouer l'homme du monde. Mais il ne pouvait résister à l'attrait de l'inconnu – les fêtes hindoues, les miniatures sensuelles, les hanches rebondies se balançant au rythme des tambours, les couleurs qui inondaient l'autel vide de son âme. Léa n'arrivait même plus à le reconnaître quand il quittait la maison, flanqué de sa précieuse canne. Pourtant, elle était comme un morceau de sa chair, et elle finissait toujours par le ramener dans la ronde de sa vie. Elle était tout à la fois sœur, épouse et mère, elle incarnait le familier. Mais sa jeunesse s'en était allée et elle avait trois grandes filles, à peine plus jeunes que les femmes qui attiraient tant leur père. Elle avait perdu toute assurance, en proie tantôt à de sombres silences déprimants, tantôt à de bruyants éclats de fureur, et c'est ainsi que Danieldada se trouva confronté à une Léa qu'il ne connaissait pas.

Pour finir, sa vision fut si embrouillée qu'il n'aperçut plus guère la lumière. Il s'en fut vivre avec Durga au cantonnement, près du temple de Hanuman et des villas des officiers anglais. Qu'il soit si près de la maison et pourtant si loin de tout, voilà qui fut d'une cruauté impitoyable.

Banyanbaba

Léa avait prié à la mosquée du Saint qui Marche pour faire revenir son mari, mais elle ne fut pas entendue. Elle décida alors d'aller voir un homme saint, connu sous le nom de Banyanbaba. Elle l'imagina sous les traits d'un ancêtre aux cheveux emmêlés comme les racines aériennes du banian.

J'ouvre les portes fermées sur le silence de ma grand-mère Léa et je la vois pénétrer un autre monde. Elle quitte le faubourg feutré de Shahibagh, près des demeures des seths[1] et du campement de l'armée britannique bordé de saracas, puis entre au cœur même de la ville ceinte et atteint son but, le ventre noué d'appréhension.

Le lieu ne lui est pas tout à fait inconnu. Elle a grandi dans une maison de trois étages, près du marché aux fleurs de Phoolgali, non loin de la synagogue. Elle y restait cloîtrée, elle n'avait pas le droit d'aller jouer dans les rues animées, cernées de pyramides d'œillets, de roses rouge sang et de feuilles de saracas vertes.

1. Marchands fortunés.

Ses parents ont vécu une existence peu mouvementée. Le père de Léa travaillait dans un bureau de réservation des chemins de fer. Une existence réglée comme un mécanisme d'horloge, s'étirant sans à-coups entre le déjeuner et le dîner. Je l'imagine, son cabas brodé de lotus serré tout contre lui, tâtant les branchies des pomfrets[1] au marché de Teen Darwaza, cassant les queues des gombos pour en vérifier la fraîcheur, n'acceptant jamais de pots-de-vin, ne rendant jamais service aux relations qui auraient demandé des faveurs indues, et évitant ceux de ses anciens camarades de classe qui prenaient part à la lutte d'indépendance. Avec des yeux aussi verrouillés qu'un volet de guichet baissé.

Dada raconte que le père de Léa avait l'habitude d'attendre son dîner dans la cuisine, installé dans un transat, lisant un magazine en marathi et lançant de temps en temps à sa femme quelque recommandation sur les ingrédients du repas. Le Shabbat lui était sacré et il ne manquait jamais l'office du vendredi dans sa communauté. Il avait une prière adaptée à chaque occasion de la vie, mais n'en connaissait pas le sens. La famille était très consciente de sa judéité, ce qui la mettait à l'écart de ses voisins. C'est pour cela que la belle et vertueuse Léa, avec sa bonne éducation, son teint clair et ses cheveux bouclés, avait été choisie comme épouse pour son cousin Daniel. C'était un bel homme instruit, qui occupait un poste respectable dans une compagnie anglaise. Durant les premières années de leur vie commune, la vivacité de son mari avait choqué Léa. Elle aurait préféré un homme calme et posé, à l'image de son père.

Peu après, le père de Léa avait été muté à Bombay où leur fils s'était installé, et elle avait alors perdu la seule amie qu'elle ait jamais eue : sa mère. Les parents de Danieldada étaient partis, eux aussi, pour aller vivre près de leur fille aînée célibataire, médecin attitré de la famille royale de Radhanpur.

1. Poisson de mer, à la chair ferme, très prisé pour le curry.

Seule avec son mari qui préférait le whisky et les parties de cartes au club à la pratique quotidienne du judaïsme, Léa s'était désintéressée peu à peu des rites religieux. Elle jeûnait cependant le jour de Kippour et demandait pardon pour avoir délaissé les traditions, mélangé le lait et la viande et avoir dit parfois des choses qu'elle n'aurait pas dû dire. Il lui était tellement plus facile de se sentir juive du temps où elle vivait près de la synagogue…

Soulevant son sari pour enjamber les bouses de vache et baissant honteusement les yeux pour avoir dénudé ses mollets, Léa franchissait la ligne de démarcation. Elle sentait qu'une fois qu'elle aurait affronté Ravana[1], les choses risquaient de lui échapper, comme ç'avait été le cas pour Sita. Elle franchissait cette ligne infime qui l'avait toujours séparée de tout ce qui n'était pas juif. Elle savait qu'elle repoussait le périmètre de son univers jusqu'à une dimension dont elle ignorait tout, pour aller au-delà d'une vie qui s'étendait de la cuisine et du jardin jusqu'à la synagogue, du club de gymkhana aux quelques maisons où elle avait été invitée. Son enfance dans la ville ceinte, avec sa mère, ressemblait à ce pétale de rose séché qu'elle retrouvait parfois en feuilletant son petit album d'autographes relié de cuir.

Pourtant, cette rue semblait la ramener vers un autre âge, où les illuminés vous donnaient des potions pour faire revenir les maris égarés, chasser les mauvais esprits des têtes et des maisons, guérir les maladies et redonner espoir aux femmes stériles. Des portes de bois fermées, des rampes d'escalier sculptées ; le vieux banian dans la cour, animé du piaillement des étourneaux aux plumes roses et aux têtes noires ; les racines tombant des branches telles les mèches d'une sorcière ; les gouttes d'eau s'échappant du pot de cuivre, tombant sur le linga[2] posé sous l'arbre. Léa détournait le regard, gênée par l'aspect phallique du linga.

1. Variante de Rama, figure des légendes épiques de l'Inde, considéré comme le septième avatar de Vishnu. Sita est son épouse.

2. Sculpture de forme phallique symbolisant Shiva, également Shivalinga.

Elle avait écrit une lettre à sa mère, mais était morte avant d'avoir pu la poster. Je l'ai trouvée dans la bible familiale délaissée, à l'époque où je m'efforçais de comprendre ce qui différenciait les dieux de Subhadra des miens. Des fragments anciens tombant en poussière, tout comme la relation entre Danieldada et ma mère. J'ai su d'instinct que la signature au bas du message me commandait de consulter Dada, plutôt que Mère.

Chose étrange, cette lettre s'est mise à faire partie de la vie de Grand-père, toujours posée près de son oreiller. Elle était rédigée en marathi, tracée à l'encre sépia évanescente sur du papier ligné, d'une écriture de petite fille mettant des mots sur ses angoisses. Dada m'explique son contenu et il s'interroge : était-ce vraiment inéluctable, fallait-il réellement qu'elle mette fin à ses jours pour cela ?

La rue où ma grand-mère Léa s'était rendue pour consulter le gourou n'a pratiquement pas bougé. Le soleil n'y brille jamais, il se contente tout juste de frôler les toits environnants et de jeter quelques rayons obliques au fond des cours. Des cyclistes fendent la foule en jouant du klaxon. Pour arriver jusqu'à la porte, il faut se frayer un chemin entre une vache qui lape du dal renversé et les crémières ambulantes, portant leurs pots à lait sur la tête. Tous les matins, la balayeuse nettoie la rue de son long balai triangulaire, tandis que les arômes mêlés de lait et de bouse se fondent dans le battage des blanchisseuses. Selon Dada, cette rue n'a pas du tout changé.

Je m'imagine Léa priant chaque mercredi à la mosquée du Saint qui Marche, comme le lui avait conseillé sa mère. Mais faute de déceler le moindre changement chez son mari, elle s'était adressée à Banyanbaba, recommandé par deux de ses fidèles, Hasina, la bonne, et sa voisine, Sheilaben.

Les douleurs d'estomac de Hasina avait été guéries par une fiole d'eau sacrée, et son fils lycéen avait réussi ses examens après que baba eut fait tourner autour de sa tête sept citrons mûrs, jetés ensuite au carrefour. Les histoires de ce genre étaient légion et l'on disait que les potions étaient sans danger, mais qu'il fallait suivre à la lettre les instructions données.

Le ghodagadi[1] pénètre dans une ruelle sale, coincée entre deux bâtisses décaties. Au bout se trouve un immense portail de bois, avec un portillon offrant un passage et donnant sur une cour. Le portail était fermé en permanence et Léa dut se sentir piégée. Peut-être eut-elle envie de partir en courant, de rentrer, de s'étendre sur les draps frais de son lit à baldaquin.

Un homme barbu est assis, fumant une pipe d'argile qui répand l'arôme herbacé de la ganja. Sheilaben et Hasina sont absorbées par une discussion avec l'homme et tous attendent la darshan[2] de Banyanbaba. Peut-être Léa n'avait-elle même plus envie de le consulter, mais comment aurait-elle pu l'avouer aux deux femmes, pour qui s'en retourner à la maison sans une darshan de baba aurait été un sacrilège? De toute manière, elle était incapable d'interrompre leur discussion si intense.

La porte s'ouvrit et une jeune veuve en sari blanc, le front maculé de cendres, leur fit signe d'entrer. Les femmes arrivèrent dans une pièce nimbée d'encens. L'endroit était vide, hormis un tapis censé recevoir les fidèles. Dans un coin, un autre barbu écrasait de l'opium. Fenêtres et portes étaient closes. Dehors, le soleil brillait intensément. A l'intérieur, régnait la pénombre. D'un abat-jour d'albâtre s'échappait la lueur d'une unique ampoule jaunâtre et, posé par terre, un ventilateur noir moulinait lentement, dangereusement. Banyanbaba tenait audience installé sur une peau de tigre, les yeux clos, un dhoti noué autour de son estomac replet, le torse velu orné seulement d'un rang de

1. Attelage fruste.

2. Vision sacrée, révélation d'un dieu ou d'un saint qui se donne à voir aux humains.

perles rudraksha. L'odeur entêtante de l'encens valut une migraine à Léa, qui aurait voulu s'enfuir de là.

Sheilaben et Hasina s'agenouillèrent devant le gourou et touchèrent le sol de leur front. Il les bénit d'un geste de la main et Léa tenta d'imiter ses amies, mais elle était paralysée d'angoisse. De toute façon, son mauvais genou l'aurait empêchée d'accomplir une telle prouesse avec la même aisance.

Contrairement à ce que Léa avait imaginé, Banyanbaba était imberbe et chauve. Un gros cercle de kumkum brillait sur son front, et sur ses lèvres épaisses s'étalait une sorte de sourire retenu, immuable. Quelque chose chez lui la faisait penser à la tête empaillée du tigre sur lequel il se tenait assis.

Les yeux perçants du gourou lisaient dans les pensées de Léa et, au grand désarroi de celle-ci, il lui demanda, en anglais, d'exposer son problème dans le moindre détail. La tension diminua. Léa raconta l'histoire de son mari à un parfait étranger et en garda un sentiment de soulagement mêlé de confusion.

L'homme écouta les yeux fermés, en murmurant une incantation, et sa tête n'était plus celle du tigre mais celle du Bouddha qui trônait sur la radio, chez Léa. Mais, contrairement au Bouddha, le poing de l'homme était serré. Il ouvrit les yeux et, au milieu de la paume souple de sa main, apparut une roupie frappée de l'effigie du roi Georges. Hasina et Sheilaben regardèrent Léa d'un air entendu, signifiant « on vous l'avait bien dit ». En fin de soirée, elles firent le bonheur d'un public de femmes ébaubies en évoquant le gourou et tout ce qu'elles avaient vu, de leurs yeux vu.

« Il te faudra placer la pièce sous l'oreiller de ton mari », avait dit l'homme à Léa, avant de fixer à son cou un fil noir, pour éloigner le mauvais œil des gens jaloux. Lorsqu'il lui sembla que sa grosse main frôlait la peau de sa nuque, Léa fut prise d'un frisson de frayeur. Mais le visage de l'homme demeura impassible tandis qu'il lui réclamait un don de cinquante roupies, et Léa commença à se dire que c'était à peu près comme une visite chez le docteur. Elle déposa l'argent à ses pieds, embarrassée par son regard pénétrant.

Sheilaben et Hasina étaient impressionnées parce que le gourou avait appelé Léa « Madame » et l'avait gratifiée d'une bénédiction : « Partez, la Mère est avec vous. » Mais c'est sa vraie mère que Léa aurait voulu avoir auprès d'elle.

Elle attendit que Danieldada revienne à la maison quelques jours, pour glisser la pièce maculée de kumkum sous son oreiller, et n'omit jamais de la retirer avant son réveil.

Mais pas le moindre changement ne se fit sentir. Tant qu'il restait parmi elles, il persistait à rentrer plus tard qu'à l'accoutumée, sans jamais avancer la moindre excuse. Si elle osait le questionner, il se mettait dans une colère noire. Les filles entendaient ses cris furieux et noyaient leurs oreillers sous une cascade de larmes, tant l'idée que leur père puisse les quitter pour de bon les terrorisait. C'était comme si elles vivaient en permanence sur l'extrême bord d'un précipice.

Amavas

Amavas[1]. « C'est pas bon, ces nuits sans lune, dit Sheilaben, c'est là que les esprits malins s'activent. »

Le lendemain d'Amavas, Léa se souvint qu'elle avait quitté le lit sans retirer la pièce. Quand il était à la maison, Danieldada prenait toujours le thé matinal avec elle, sur la véranda. Mais ce matin-là, lorsqu'elle vit son mari lancer en l'air la fameuse pièce, le plateau chargé du précieux breuvage faillit lui tomber des mains.

Le petit cireur s'affairait à nettoyer ses chaussures. C'était un rituel que Danieldada aimait à surveiller de près et Léa, démunie, fut par conséquent condamnée à le regarder lancer sa pièce au garçon, en déclarant qu'il n'aimait pas avoir de monnaie tachée de couleurs. Le garçon, ravi de toucher un mois de salaire d'avance, attrapa la pièce au vol, comme une balle de cricket.

Pour couronner le tout, Danieldada remarqua le fil noir attaché au cou de Léa et avant même qu'elle ait pu déposer les tasses sur la table, il le lui arracha, le jeta dans le cendrier,

1. Moment de l'année sans lune.

et lui demanda si elle était souffrante et s'il devait appeler un médecin. Il savait que leur bonne, Hasina, arrivait parfois à convaincre Léa de porter un fil noir pour combattre les maux de tête qui, elle en était certaine, résultaient du mauvais œil d'une personne jalouse. La journée avait mal commencé pour Léa. Son mari parti pour la salle de bain, elle ramassa le fil et le cacha dans son corsage. Il lui fallait revoir le gourou car elle redoutait la colère de sa déesse.

Cet après-midi-là, c'était le jour de congé de Hasina, et Sheilaben avait décidé de préparer son stock annuel d'ural dal papads[1]. Alors Léa prit son courage à deux mains et se rendit chez le gourou toute seule. Il prononça le mot « calamité » à plusieurs reprises et posa sa main sur sa cuisse, en présence de la veuve. Léa avait dû percevoir le désir dans ses yeux et sentir la moiteur de sa paume à travers son sari. Elle avait dû craindre que l'homme barbu ne l'enferme avec le gourou, et elle partit en courant, pensant que ni son mari ni le gourou n'étaient réellement ce qu'ils semblaient être.

Dans son regard, tous deux portaient la peau du tigre.

Dans les yeux du gourou, elle aurait pu voir cette chose qu'elle n'avait jamais osé regarder en face : son propre corps nu, allongé sur le dhurrie, cloué au sol par la veuve et le barbu ; une image qu'on aurait pu trouver dans les livres que Danieldada cachait sous ses piles de vêtements.

Chez le gourou, elle avait dû manger la prasad[2] et accepter que ses disciples lui posent du sindoor sur le front. Le désir féroce de récupérer son époux l'avait certainement embrasée de flammes étranges. Les rites célébrés à l'aide de kumkum, de feu et de ghee l'effrayaient. Elle roula la pâte sucrée dans ses paumes pour en faire une boule qu'elle glissa dans son mouchoir. Rentrée à la maison, elle se lava pour ôter la ligne de sindoor, comme si celle-ci avait été

1. Galettes de farine de lentilles noires, très fines, frites à l'huile.

2. Offrande de nourriture faite aux dieux, distribuée ensuite aux humains.

dessinée avec du sang. Elle haïssait son mari de goûter ces cérémonies qui ne lui inspiraient rien d'autre qu'une profonde terreur.

Danieldada fut très étonnée d'apprendre que Léa avait consulté un gourou. Des années après sa mort, il repenserait encore à l'histoire de la pièce de monnaie et se maudirait d'y avoir attaché si peu d'importance. Certes, il avait vu le fil, lové telle une vipère au fond du cendrier, mais quand il était sorti de son bain il n'y était plus, et sa femme n'avait montré aucune réaction lorsqu'il avait informé le cuisinier qu'il ne rentrerait pas pour dîner. Il n'avait pas imaginé que le fil avait trouvé refuge contre le sein de Léa et qu'elle s'apprêtait une fois encore à chercher l'aide du gourou. La nuit sans lune, conjuguée aux événements du lendemain, avait fini par étouffer Léa.

Il pense qu'elle a dû se rendre en ghodagadi jusqu'au pont Ellis, près du fort de Bhadra, pour jeter le fil à la rivière, car elle savait que toute chose sacrée (que vous y croyiez ou non) doit impérativement retourner à sa source. Puis elle avait dû rentrer chez elle, ayant perdu toute illusion sur son époux, et sur les hommes en général. Car ni la pièce ni le fil n'avaient eu le moindre effet.

Danieldada croit que tout cela ne serait jamais arrivé si elle lui avait vidé son cœur, ou s'ils avaient carrément affronté leurs problèmes en se querellant, comme le faisaient ses amis, Baroukh et Zénobia. Alors que Léa semblait avoir accepté son sort, son comportement avait prouvé qu'il n'en était rien. Elle n'avait jamais su protester.

Danieldada raconte qu'on décelait rarement une émotion dans les yeux de Léa – il faut dire que des générations de mères avaient enseigné à leurs filles que, pour se préserver pour leur futur époux juif, il convenait de ne jamais montrer ce qu'elles ressentaient – et qu'il était donc allé chercher du sentiment ailleurs. Mais l'ultime émotion de Léa, si puissante qu'elle l'avait poussée au suicide, avait anéanti Dada. Il avait su alors qu'en la comprenant si peu, il avait trahi sa femme et s'était trahi lui-même.

Son appétit d'excitations et d'aventures lui avait fait perdre quelque chose d'irremplaçable. Alors même qu'il s'était laissé envoûter par Durga, il ne pouvait pas imaginer la vie sans Léa. En parfait égoïste, il les voulait toutes les deux.

Le corps de Léa n'avait jamais été touché par d'autres hommes que Danieldada, son père ou son frère qui l'embrassaient quelquefois sur la joue, et il lui avait fallu bien des années, ainsi que trois grossesses, avant de supporter que son mari la touche sans qu'elle en éprouve une vague sensation de péché.

Les attouchements du gourou avaient dû la bouleverser, comme si le regard de l'homme lui intimait de dénouer ses cheveux et d'ôter son sari.

Danieldada avait toujours souhaité qu'elle se sente à l'aise dans les soirées auxquelles ils étaient fréquemment conviés. Il pensait qu'elle serait très jolie en robe occidentale, et avait demandé à Zénobia de lui en coudre une hors du commun, en tissu mauve pâle, brodée de sequins d'argent.

Léa avait dû être persuadée qu'il ne reviendrait plus vers elle. Aussi sèche que la rivière Sabarmati en plein été, la vie la terrorisait. Ce fameux soir, elle lui avait fait porter une lettre par le cuisinier, l'implorant de penser à sa famille. Irascible, il avait répondu qu'il n'aimait guère recevoir de messages au club. A l'instant où il vit le cuisinier revenir, il décela quelque chose sur son visage qui le retint de parler. Le cuisinier était venu lui annoncer la mort de Léa.

Danieldada avait trouvé la robe mauve étalée sur le lit et une ménorah[1] posée sur la table. Comme si Léa avait cherché à se raccrocher aux plaisirs de la vie et de la religion. Elle était probablement revenue de l'antre du gourou pleine de dégoût et de répulsion pour la fourberie des hommes, et pour sa propre naïveté aussi, qui l'avait poussée à accorder sa confiance au gourou. Puis elle avait sans doute contemplé

1 Chandelier à sept branches.

d'un œil sarcastique son propre reflet dans le miroir. A en juger par la serviette mouillée, elle avait pris un bain, pour purifier ses pensées souillées. Elle avait dû concevoir une sorte de haine à l'égard de la vie. Avec la robe, elle s'était peut-être efforcée de revêtir une personnalité toute neuve, qui aurait eu sa place dans la vie de son mari, et avec les bougies et le « Shema Israël », elle avait tenté de se raccrocher au radeau salvateur du judaïsme. Jadis, Danieldada avait été son radeau et voilà qu'il l'avait repoussée, trahie.

Tandis qu'il séjournait au club, à étudier les cartes étalées sur la table, Léa était à la maison, étendue morte. Elle s'était immolée, elle avait procédé à sa propre cérémonie du feu. Quand il se précipita chez lui, il trouva Naomi assise immobile auprès du corps de sa mère. Désormais, elle allait regarder son père comme si elle voyait en lui le visage calciné de sa mère. La culpabilité qu'elle ressentait pour avoir révélé à sa mère l'existence de Durga, elle voulait l'écraser, comme on écraserait la tête d'un serpent pour lui faire cracher son venin. Mais le poison s'était instillé en elle et il y demeurait à jamais, voilé d'écailles faites de sourires factices. Elle avait dû entendre les hurlements de sa mère et voir les voisins occupés à défoncer la porte. La porte n'en garde pas de cicatrices. Mais les yeux de ma mère et la vie de Danieldada sont lézardés de lésions indélébiles. Après la disparition de Léa, il fut si ravagé que chaque jour de sa vie fut comme un jour de Kippour.

L'ombre du visage de Grand-mère Léa fond sur ma vie.

Une histoire d'amour

Samuel est-il attiré par moi ? « Tu aurais pu devenir mon épouse », dit-il, et je retrouve dans ce visage la réplique du mien, la ressemblance avec nos mères qui ont toutes deux épousé des cousins. « Mais c'est impossible à présent, soupire-t-il. Tu ferais mieux d'aller en Israël pour te chercher un mari. » Impossible en effet, car Oncle Menahem est contre les mariages consanguins et nous décrit souvent leurs effarantes conséquences génétiques. Caquetant comme une vieille dinde, il énumère : « folie, problèmes d'estomac, cancer ». Nous nous regardons dans la glace, en nous demandant laquelle de ces terribles maladies s'abattra finalement sur nous. Nous réfléchissons d'ailleurs tous beaucoup trop.

Je crois pourtant qu'il me serait très facile d'être la femme de Samuel. Nous sommes toujours d'accord sur tout et il aime bien me parler de lui, de ses pensées, de ses craintes. Mais j'ai tout de même un peu peur que nous finissions aussi malheureux que Danieldada et Grand-mère Léa, à trop bien se connaître, à s'ennuyer. Vais-je devenir comme Mère ou Tatie Hannah, ou encore Mamie ou Léa ?

Peut-être ressemblerai-je à la statuette de Parvati dans son écrin de verre. En tout cas, bien que Mère veille en permanence à ce que je ne m'observe pas de trop près, je sais que j'ai un corps comme le sien. J'essaie d'imiter Parvati – les paupières baissées sur un désir inconnu, les lèvres courbées en un discret sourire que Samuel s'obstine à ne pas comprendre.

Nous sortons du même moule, lui et moi. Ça aurait pu durer toute la vie, mais la famille a décidé que nous sommes frère et sœur, et que nous devrons dénicher notre conjoint ailleurs, bien que personne ne sache apparemment où cet ailleurs se trouve. Ils ne savent qu'une seule chose. Il devra être juif.

L'existence de Malka se complique : les anciens s'opposent à son amour pour Joël et se mêlent de sa vie privée. Elle est en larmes et Oncle Menahem est furieux : il estime que Joël a des muscles à la place du cerveau. Il est hors de question qu'une des filles épouse un garçon sachant à peine lire et qui va probablement finir comme simple ouvrier. On dirait que sa fille a été déflorée par le courrier du cœur !

Seule Mamie approuve le choix de Malka, mais elle se garde bien de le dire tout haut. Après tout, Joël est son neveu. Et puis Malka s'intéresse à un garçon juif et c'est déjà une bonne chose. Pensez ! Si elle était attirée par le fils d'Anwar ou par l'un des garçons dont la fenêtre donne sur notre maison ! Mais en fait, personne n'écoute Mamie quand elle tente mollement de défendre le traditionnel mariage entre cousins. Qui peut dire de quoi demain sera fait ?

Dès que les domestiques sont couchés, les anciens se réunissent en conseil de guerre, jusqu'à des heures avancées de la nuit. « Les employés ne doivent rien savoir de nos problèmes, sinon toute la rue sera bientôt au courant. Les murs ont des oreilles par ici ! » dit Mamie. Il est hors de question que la réputation de la famille soit ruinée par un enfant, et encore moins par une fille.

Malka me raconte qu'ils ont découvert la correspondance échangée secrètement avec Joël, et qu'ils soupçonnent

Fatima d'avoir servi d'intermédiaire, vu qu'elle travaille dans les deux maisons. Mamie la dispute et lui dit qu'Oncle Menahem ne veut plus qu'elle travaille pour nous. Fatima sanglote : « Comment, demande-t-elle, une femme bossue et abandonnée par son mari pourrait-elle survivre sans travailler chez vous ? » Ensuite, c'est Tatie Hannah qui lui tombe dessus, l'accusant d'avoir corrompu une fille de notre famille et lui demandant de partir.

Fatima se roule par terre pour implorer pardon, s'accroche aux jambes de Tatie et maudit ses yeux de pauvre illettrée. Elle avait cru que les papiers qu'on échangeait par son entremise étaient des devoirs pour l'école. Les larmes coulent sur son visage grisâtre et elle crie que jamais il ne l'aurait jetée à la rue (ce mari incapable d'aimer son corps imparfait) si seulement elle avait été instruite.

Enfin, Tatie Hannah informe Malka qu'elle est trop jeune pour penser à l'amour, et Fatima peut rester chez eux. Moi j'ai à peine deux ans de moins que Malka et je réalise qu'il n'est pas question d'épouser Samuel, même pas en rêve. Nous avons beau tout connaître l'un de l'autre, il nous faudra quand même partir, à la recherche d'une vie différente, totalement inconnue.

Un jour de Rakshabandhan[1], au mois d'août, sous un croissant de lune, j'attache un lien de coton orange au poignet de Samuel. Le voilà devenu mon frère. Il dépose une roupie au creux de ma main, censée me protéger. Tatie Hannah est soulagée.

On ne nous dit rien, et nous ne savons rien. Peut-être n'en saurons-nous jamais plus, et personne n'accepte de nous venir en aide. Peut-être ne savent-ils rien eux-mêmes ? Mais une chose est certaine : si nous, les filles, ne nous marions pas, nous serons condamnées à vivre aux côtés de nos parents vieillissants, pour devenir leur soutien. C'est pourquoi il convient que nous soyons éduquées. La confiance accordée jadis aux garçons semble s'étioler. Nous

1. Fête qui célèbre les liens entre frères et sœurs, de sang ou non.

subissons plus de contraintes qu'eux. Il est clair qu'ils s'en iront un jour et que nous allons rester. Les anciens ne veulent pas perdre les filles, car elles n'oseront jamais se révolter contre eux, comme les garçons pourraient le faire. Alors les filles doivent être gardées à la maison.

Le cinéma hindi

Malka s'est tournée vers des préoccupations plus intéressantes, comme les films hindi. Elle est sans cesse plongée dans des revues de cinéma et passe des heures devant le miroir. Tatie l'occupe en l'emmenant voir autant de films qu'elle veut et nous les accompagnons tous. Entassés dans la victoria familiale, nous traversons les arcades de Teen Darwaza, jusqu'au Cinéma Central.

Les hommes préfèrent les films anglais en matinée, mais nous demandent parfois de nous mettre sur notre trente-et-un pour nous emmener voir un film de Shirley Temple.

Nous adorons le faste du cinéma hindi – les gigantesques portraits de stars aux couleurs criardes, les héros brandissant une épée, les héroïnes aux lèvres carmin vêtues de corsages moulants et de jupes virevoltantes, les chansons d'amour, les abeilles posées sur des fleurs. Malka s'admire dans la grande glace de la chambre des enfants, et se mordille la lèvre comme l'actrice que nous avons vue la semaine dernière. Elle exécute un mouvement sensuel des hanches et tortille ses mains en l'air, tandis que Samuel bat la mesure sur son bureau, une mèche tressautante sur le front.

Elle a décidé de devenir une star de cinéma et passe son temps à s'imaginer parée d'une ghaghra[1] bariolée du Rajasthan. Elle n'ose pas demander à Tatie Hannah de lui acheter un vêtement aussi peu orthodoxe, qui laisserait entrevoir son petit nombril. Malka se voit déjà dansant ainsi parée. Elle déclare que lorsqu'elle sera riche à millions, elle s'en achètera une armoire pleine. Pour nous, l'argent c'est la liberté ; encore que je doute fort que nous sachions vraiment un jour ce que ce mot veut dire. Nous faisons très exactement ce que l'on nous dit de faire. Il semble que nous ne puissions jamais faire ce que nous voulons. Et que voulons-nous du reste ? Je n'en sais rien. Notre ville paraît barricadée de lourdes portes de fer que nous ne parviendrons jamais à pousser. Leurs chaînes métalliques nous consignent à la demeure de notre destin, et nous ne pouvons pas nous échapper, soudées que nous sommes à ces liens solides. La rue devant la porte est comme la paume de ma main, où je tombe sur les lignes qui inquiètent tant mon oncle. Il semble plus clairvoyant que nous.

Tout comme Malka, je meurs d'envie d'avoir une ghaghra. J'envisage même de solliciter le concours de Danieldada pour m'en procurer une. Je pourrais la partager avec Malka quand elle viendrait à Shahibagh et Dada pourrait nous prendre en photo.

Je crois que Malka est sensible à l'intérêt que je porte à ses aspirations artistiques. Un jeudi, alors qu'elle passe la journée chez nous, je prends les saris fraîchement repassés de ma mère et je les drape autour de nos hanches juvéniles. Nous les ramenons sur la tête et les rabattons sur nos petits seins, comme notre actrice préférée. Même le sari de soie bleue de Grand-mère Léa est mis à contribution. Dada est enchanté et nous photographie.

Puis nous nous escrimons à replier les saris de Mère avant qu'elle ne rentre du travail. Que d'efforts vains !

---

1. Jupe ample, décorée de broderies et de petits miroirs ronds, portée dans le Gujarat et le Rajasthan.

Malka se dépêche de retourner à Dilhi Darwaza, car elle a déjà eu son compte de remontrances. Mon cœur bat à tout rompre lorsque Mère arrive, alors que je suis prise au piège des nœuds de saris. Nous avons violé sa sphère intime et elle pique une colère formidable. Le sang se fige dans les veines de mes poignets, qu'elle frappe à coups de règle. Elle tempête, à cause de la lessive qu'il va falloir refaire. Je hais ces mètres de tissu qui se nouent au creux de mon estomac, étranglant mes rêves.

Dada tente de me soustraire aux foudres de Mère, mais elle est comme la déesse Kali, prise d'une rage incontrôlable. Qui aurait la force de l'arrêter? J'ai le sentiment diffus que sa colère n'est pas seulement liée aux saris. Je crois que quelque chose a explosé en elle quand elle m'a vue me débattre avec le sari de sa mère, pouffant bêtement tout en piétinant la soie ancienne, manquant de la déchirer. J'ai perturbé la pureté sacrée des morts, en les mêlant aux désirs des vivants.

Des langues de bœuf grillent sur les braises. Il est interdit de rêver.

Mani nous a rejoints. Tatie Hannah et Mamie la soupçonnent d'avoir volé une bague en or qui était restée dans la salle de bain. Sa chaleur me rassure un peu. Mais elle meurt d'envie de retourner à l'autre maison et elle n'attend qu'une chose : que Hannahbaï retrouve la bague afin qu'elle puisse rentrer la tête haute.

Voilà qui crée des tensions entre ma mère et ma tante. Cette dernière croit que sa belle-sœur retient Mani dans le seul but de la contrarier. Lorsque Tatie vient passer un après-midi chez nous, elle accepte le verre d'eau que Mani lui sert, de mauvaise grâce, sans même la regarder.

Sous le baldaquin de Daryakhan Ghummat, la mosquée qui ressemble à une tente de pierre, le mollah essaie de localiser la bague perdue pour Mani.

En ce moment, Mère a une peur obsessionnelle de me perdre, ce qui fait que Mani ne me quitte pas d'une semelle quand je traverse une rue ou que je me rends chez Mamie en attelage. Si je suis invitée à un anniversaire, elle m'attend sur le trottoir devant la maison de mon hôte. De même, elle veille sur moi quand je joue avec les filles des voisins. Cela me gêne terriblement, mais Mère dit que c'est indispensable parce que j'ai grandi.

Ensemble, elles forment un mur autour de moi, comme pour me mettre à l'abri de la mort. La couleur de la mort, c'est la couleur du sang. Je sens la colère monter en moi, entrebâiller un pan de sa chape obscure. Jadis, dans la grande maison, nous étions tous ensemble et j'étais la cadette dans un lieu plein d'adultes, alors nous ne nous sentions pas entravés si quelqu'un avait un œil sur nous. Mais depuis que nous sommes arrivés chez Danieldada, des nuages de discorde planent sur nous et m'étouffent. Je me sens prise dans une nasse de verre. Mani partage les idées de Mère quant à l'éducation des filles, et pour tout signe de compassion elle lâche quelquefois un soupir, qui culmine en cette phrase inachevée : « Ah, la vie des femmes… »

La nymphe aux ongles vernis

Mère est la reine de la confiture de goyaves. En ce moment, elle est inquiète parce que le goyavier qui pousse derrière la maison est très mal en point. Mani dit que les fourmis blanches ont empoisonné notre maison et qu'à la manière des lianes, elles vont tout envahir ; elles vont se glisser sous les strates de nos vies, telles des créatures aveugles qui ne savent pas où elles vont. Mère dit que c'est pareil pour mes cheveux : ils poussent dans tous les sens, sans foi ni loi, et il est de son devoir de les dompter.

Elle ne peut pas me pardonner parce que Dada m'aime, alors qu'il ne fait que la tolérer. Et puis il y a mes cheveux, qui lui rappellent ceux de sa mère. Je trouve tellement étrange que Grand-mère Léa vive à travers mes cheveux ! Parfois, lorsque je les sèche au soleil, Danieldada les caresse en disant : « Tes yeux de colombe entre tes boucles ».

J'aime bien les sentir virevolter autour de mon visage, quand ils ne sont pas alourdis par l'huile. Cela me fait penser à la Vénus de Botticelli dans l'un des livres d'art que Père a achetés au bazar près de la rivière. Mais il n'y a que le dimanche que mes cheveux ne sont pas huilés, lorsque

Mère les lave, avec du shampooing fait-maison. C'est un moment que je passe à inspecter la forme de mes doigts, à me ronger les ongles, qui ont pris la teinte brune de la noix à savon.

Mes ongles sont cassants et informes et ils ont un goût de crème aigre. J'aimerais avoir les ongles longs et vernis de rouge vif, comme les stars de cinéma. A l'école, sœur Joséphina m'embête, car dans son cours d'instruction morale elle raconte que les femmes se mettent du vernis pour cacher la saleté de leurs ongles. Il faudrait, selon elle, qu'ils soient récurés et luisants comme la nacre, et brillent à la seule force de leur beauté naturelle. Je ne suis pas du tout d'accord, mais comme le reste de la classe, j'opine sagement du chef. Pendant ce temps, ma copine Pratibha dissimule honteusement ses ongles peints.

Mère déteste le vernis. Il incarne la femme qui a tué sa mère ; elle l'imagine habillée d'un sari de mousseline de soie verte, la bouche et les ongles écarlates. Un anathème implicite semble frapper toutes les choses que j'aimerais essayer. Pratibha dit que si je veux vraiment mettre du vernis, eh bien je dois le faire, et tant pis si ça ne plaît pas à Mère. Mais cela voudrait dire que je devrais me dresser contre elle.

Mes ongles viennent me hanter jusque dans mon sommeil : en rêve, je traverse une forêt de flacons de vernis gigantesques. Chez Pratibha, je m'autorise à renifler la délicieuse fiole et du bout des doigts, j'explore la douceur infinie du verre poli.

« On pourrait vernir rien qu'un petit ongle », dit-elle. Comment lui résister ? Nous commençons par un doigt et aussitôt je la supplie de les faire tous. C'est comme de boire du bhang. Je nage dans un lac de vernis. Le bonheur d'admirer l'éclat de mes ongles brillants dans la lumière est à nul autre pareil. Pratibha m'assure que la couleur est tellement pâle que Mère n'y verra que du feu.

Mais Mère a des yeux de lynx et un nez auquel rien n'échappe. Le mouton mijote dans une sauce au poivre noir. Mère fredonne un chant en marathi tout en faisant frire les galettes. Je prends une galette brûlante et son regard me frôle. Sa main ne va pas au bout de son geste menaçant, et je me brûle les lèvres à force de cacher mes doigts. C'est sûr, elle va me frapper avec sa louche cuisante, comme le faisait la mère de Subhadra. Mais non, elle la pose avec douceur, me dit de revenir et saisit mes mains. Elle ausculte mes ongles et son regard se durcit en plongeant dans le mien. « J'attends une explication », me dit-elle d'une voix lente.

Je décèle une infime faiblesse dans les yeux de Mère, alors au lieu de pleurer, je hurle.

C'est ma première révolte.

La deuxième a lieu le jour où j'échappe au rituel du bain express, transmis de mère en fille, depuis des générations. Une chaîne solide de mères murmurant à leurs filles de ne pas regarder leur corps.

La salle de bain, c'est notre chambre de torture particulière et le décor est idéal pour une scène de meurtre. Je suis assise sur un tabouret bas, posé sur le sol carrelé blanc, face au robinet sous lequel attend une bassine d'eau chaude. Mère frotte un citron sur ma nuque, pour éclaircir la peau. Elle la voudrait aussi pâle que celle de Malka. Que la fille de Hannahbaï ait le teint plus clair que la sienne, c'est contrariant.

Mère insiste pour faire ma toilette. Soi-disant que sans elle, je ne me laverais pas comme il faut. Mais ce n'est pas l'unique raison ; elle veut aussi m'empêcher de m'inspecter sous toutes les coutures. Sous le voile des bassines d'eau qu'elle déverse sur mon corps, je devine les contours d'une femme, que je ne reconnais pas. Elle voudrait que je reste une enfant et je lutte contre Mère pour obtenir le droit de me voir comme je suis.

Le dimanche matin, elle me frotte le cuir chevelu d'huile de coco chaude. Je me cabre et elle m'agrippe les cheveux pour tenir ma tête tranquille, tandis que la mixture de noix de savon bout sur la cuisinière. C'est loin du tableau idyllique d'une mère et de sa fille. C'est un véritable acte de violence, exercé à l'encontre des vagues déchaînées de ma chevelure. J'ai une folle envie d'éternuer. Mon nez coule et je sens monter une migraine. Je suis complètement allergique à l'huile de coco, mais Mère croit dur comme fer que je joue la comédie. Mes cheveux s'imprègnent d'huile une heure durant, puis elle les rince à la poudre de noix de savon et à l'eau chaude. Je suis toujours assise sur le tabouret et elle me dit : « Allons allons, dépêchons. »

Un beau dimanche, je lui crie dessus et lui dis de ficher le camp. Je lui arrache la bassine des mains. Elle perd l'équilibre et glisse sur le sol huileux. Je n'éprouve pas de compassion. Je ne viens pas à son secours lorsqu'elle se remet debout à l'aide du tabouret puis sort en courant, secouée de sanglots. Père, dérangé en pleine séance de barbier, lui dit de me laisser tranquille.

Pour la première fois, je me trouve seule avec mon corps. Je laisse l'eau s'écouler sur moi, telle une nymphe sous une chute d'eau. Je suis la Rose de Sharon et le Lys de la Vallée. J'attrape la savonnette et m'en frotte la tête jusqu'à ce que la peau soit desséchée et brûlante. Je sens les larmes tout au fond de moi.

Devant la porte de la salle de bain, j'entends le chagrin et la colère de Mère qui marche en traînant la jambe. Ça me fend le cœur. Elle pleure tout au long du déjeuner et Père m'ordonne « de ne pas la regarder comme ça ».

Le débat capillaire est clos. De plus, Père m'autorise à me laver toute seule, mais le vernis est toujours frappé d'interdit. Les deux hommes de la maison m'ont longuement sermonnée en retirant toute trace de couleur de mes ongles, avec le white-spirit de l'atelier. Une brave fille juive ne se promène pas « comme ça ». En outre, m'informe-t-on, « la beauté véritable, c'est la pureté et celle-ci vient de l'intérieur ». Ça paraît quand même un peu terne, comparé aux couleurs du vernis.

Je me sens trahie par Danieldada, qui retourne sa veste avec une telle aisance.

Vrindavan

Pour diverses raisons, jamais clairement exprimées, Mère ne veut pas que je me montre trop amicale avec Pratibha.

Lorsque je rate le bus scolaire, Pratibha m'emmène dans sa voiture et j'aime bien passer du temps chez elle, parce qu'elle est comme une réincarnation de Subhadra. Son père possède une usine textile et sa maison ressemble à un palais. Nous déjeunons ensemble et elle m'échange ses spécialités gujarati contre les biscuits et gâteaux de Mère. Je refuse désormais d'emporter de vieux chapatis à l'école.

Ses parents et ses oncles ont chacun leur chambre et tout est très différent de la maison de Subhadra, où il n'y avait qu'une seule pièce pour neuf personnes.

Moi, je dors dans la chambre de mes parents.

Pratibha joue du sitar et sa cousine Vatsala apprend la danse Bharath Natyam. Je fais ma crise. Moi aussi je veux danser.

Vatsala est épatée, tellement j'apprends vite les pas qu'elle me montre. Nous créons nos propres chorégraphies et nous cherchons à nous souvenir des danses que nous voyons au cinéma. Le dimanche, nous passons des après-midi enchantés. Nous tirons les volets et Pratibha bat le rythme sur son bureau et chante un bhajan[1] pour accompagner nos danses. Mère n'a jamais découvert pourquoi je tiens absolument à porter mon unique ghaghra brodée ce jour-là. Celle de Vatsala est en soie, tandis que la mienne est en khadi[2] tissé main. Elle me prête un bindi d'argent en forme de mangue, avec une petite clochette au milieu, que je n'oublie jamais de lui rendre avant de rentrer.

Lorsqu'elle trouve une plume de paon dans le jardin, elle la pique dans ses cheveux et s'enveloppe d'un sari, comme si c'était un dhoti. Nous dansons ensemble et elle croise sa jambe droite sur la gauche, imitant la posture de Krishna sur l'affiche de sa cuisine. Elle fait semblant de jouer de la flûte et moi je suis Radha, la laitière, qui la supplie de ne pas l'ensorceler avec sa musique. Elle me taquine en tirant sur mon sari, jusqu'à ce que je perde l'équilibre et laisse tomber le pot de crème juché sur ma tête.

Quand je rentre de mon bref séjour à Vrindavan, tout me paraît si différent. Mère, vêtue de son sari amidonné, travaille sur un dossier. Danieldada écoute la BBC et Père polit une table. Moi, j'ai des devoirs à finir.

Ils ignorent tout de ma danse Raas Lila[3] secrète.

J'ouvre mon cahier de géométrie et je dessine des images de Krishna. Il a un agréable visage ovale et de lourdes paupières étirées qui ourlent ses yeux de lotus. Il joue d'une flûte qu'il tient entre ses lèvres recourbées en un sourire mystérieux, exactement comme Raphaël.

J'éprouve pour Raphaël ce que Radha ressent pour Krishna. Raphaël est l'ami de Samuel et il joue de la flûte aussi. Je l'ai vu à la kermesse de l'école. Il faisait partie de l'orchestre scolaire et portait une cravate aussi bleue que la plume de paon de Krishna. Samuel dit que c'est un juif bagdadi[4] et Malka, qui a remarqué une lueur d'intérêt dans mes yeux, me taquine sans arrêt.

---

1. Chant de dévotion populaire.
2. Tissu en coton ou soie fabriqué à la main, prôné par Gandhi.
3. Danse liée à Krishna.
4. Originaire d'Irak.

Beau garçon élancé, il ressemble aux héros des histoires romantiques que Malka et moi dévorons à l'abri de nos manuels scolaires. Mais il n'a pas la peau aussi sombre que Krishna. La sienne est claire. Comment pourrait-il avoir de l'affection pour moi ?

Malka dit que les garçons préfèrent les filles au teint clair.

Je me frotte l'épiderme avec des pelures d'orange et je m'applique le masque de Mamie, à base de farine de pois chiches, d'eau de rose, d'amandes et de crème fraîche. Je parie que je parviendrai à attirer son regard à la synagogue. J'y arrive en effet. Il lève les yeux vers le balcon où prient les femmes et me sourit.

Couverte par les chants hébreux de l'assemblée, je murmure en moi-même un hymne à Krishna, le suppliant de ne pas se jouer de moi. Mamie m'accorde un sourire bienveillant. Elle ignore évidemment ce que je raconte, faute de quoi elle me déshériterait sur-le-champ !

De retour à la maison, réfugiée dans ma chambre, j'écoute des chansons de films hindi sur Radio-Ceylan et mes larmes coulent sans retenue. « … Roi de mes songes, quand te verrai-je enfin… » Je rêve à Raphaël en fredonnant des chants solitaires, et mes cahiers restent fermés sur la table.

Eclats de verre

Mère veut toujours tout savoir sur tout : ce que je fais à l'école, à quoi je passe mes après-midi chez Pratibha, et surtout ce que me disent Danieldada et Père. Je ne veux pas me confier à elle, tant les questions que je devine dans ses yeux m'effraient. Elle me regarde comme si elle me soupçonnait de lui cacher quelque chose. Elle a raison. Je trouve ses investigations parfaitement injustes : si moi je m'aventurais à lui poser ce genre de questions, elle se fâcherait tout rouge. Le territoire des adultes m'est inaccessible, alors que ma vie est comme un livre ouvert. J'invente des histoires qui la font rire. Mais c'est fatigant à la longue, alors je contourne le problème maternel en échafaudant des excuses ou en m'esquivant.

Cela me peine, car je sais qu'elle partageait tout avec sa mère, et elle l'a quand même perdue. Elle s'obstine à exiger que je l'informe absolument de tout. C'est angoissant. J'espère que Père ne me dira rien que je sois forcée de rapporter à Mère. Apparemment, elle a remisé la culpabilité liée à la mort de sa mère dans un coin reculé de sa mémoire. Je réalise qu'elle ne devra jamais savoir que Danieldada m'a raconté toute l'histoire. Mère et moi, nous nous enlisons peu à peu dans un marécage de faux-semblants. Elle ne sait pas que je mens, que je lui cache souvent des choses que je suis censée lui dire. Parfois c'est difficile, car il arrive que les craintes et les inquiétudes se glissent tout au bout de ma langue, juste avant de s'envoler.

Les surprises-parties me fichent la trouille et je ne sais que faire de mes pieds, ni de mes mains, membres désarticulés de marionnette. A l'anniversaire de Jenny, ma jupe démodée pendouille sur mes genoux et je ne vois pas comment faire pour être à l'aise. A peine quelqu'un s'approche-t-il pour me parler, que l'anxiété me gagne. Alors je me cache derrière ma mère ou bien mon père.

Danieldada m'a appris à manger avec une fourchette, et à la fête de Jenny, je décide de mettre en pratique ce savoir nouvellement acquis. Victoire ! Voilà que tout à coup je ne suis plus jalouse, ni de Jenny ni de qui que ce soit d'autre, et comme par enchantement, mes mains et mes jambes perdent leur maladresse.

Avant d'emménager à Shahibagh, je n'étais jamais allée à un anniversaire. A Dilhi Darwaza, on fêtait nos anniversaires avec un curry de poulet, des galettes frites, du riz à la noix de coco et un pichet de whisky pour les amis d'Oncle et de Père. Nous recevions des vêtements neufs et Mamie nous donnait une pièce en argent ainsi qu'un billet de cent roupies, dont nos parents s'emparaient aussitôt en disant : « Les enfants ne doivent pas avoir d'argent sur eux. » En guise de gâteau, Mamie commandait toujours un énorme jalebi[1] baignant dans le sirop, décoré de pétales de roses. Cette fois, Mère m'a promis un vrai gâteau d'anniversaire et cela me rend toute nerveuse. En fait, je préfère les coutumes de Mamie, mais je n'ose pas le lui avouer.

Après la fête chez Jenny, sur le chemin du retour, je suis si absorbée par mes pensées que je n'arrive pas à rapporter à

1. Entremets de couleur orange.

Mère le détail des paroles que la mère de Jenny a échangées avec Père. Elle se méfie de cette femme qui s'écrie à tout bout de champ : « Ciel ! Comme votre mari est séduisant ! » Cela l'irrite prodigieusement. Elle n'a pas pu suivre leurs conversations et moi, toute à ma victoire sur la fourchette, je n'ai prêté attention à rien d'autre. Prenant mon silence pour une mutinerie, elle lève la main pour me gifler.

Prise d'une colère aveugle, je m'enfuis loin de la maison, et je dévale la rue, pieds nus. Je ne sais même pas où je vais... jusqu'à ce que j'aperçoive mon empreinte sanglante sur le sol. Je me suis coupé le talon sur des éclats de verre.

Rentrant du magasin de bidis, Mani me trouve sur son chemin, effondrée sur un banc. Je la supplie de ne rien dire à Mère. Elle me porte jusqu'à l'atelier vide en pleurant et panse ma plaie. Elle me répète sans cesse que la blessure paraît sérieuse, qu'il faudrait en informer ma mère. Quand celle-ci apparaît soudain sur le pas de la porte, nous sommes toutes deux prises de panique.

Plus tard, allongée dans mon lit avec mon bandage, j'entends Mère dire à Père que je suis une vraie tête de mule. Elle ne lui dit pas toute la vérité, et moi je me répète à voix basse qu'il me faut fuir cette femme quoi qu'il en coûte.

Je me demande s'il y aura toujours sur ma route des éclats de verre, pour me couper le pied.

Apsara

Je regarde mon visage se refléter dans la divinité de Pratibha mais elle me dit que c'est péché. Non seulement les êtres humains sont inférieurs, mais en plus ils commettent des erreurs. Les dieux, eux, sont parfaits de corps et de vertu. Ils vivent dans une sphère supérieure appelée *swarg* où la laideur n'a pas de place, et aussi dans la cour d'Indra, où jouent ses musiciens divins, les gandharvas, où dansent les apsaras, où la musique ne cesse jamais.

Pratibha se montre très patiente. Elle ne s'offusque guère quand je lui demande si quelqu'un comme la mendiante de Dariapur pourrait aller dans la cour d'Indra. Son verdict est sans appel : « Qu'il s'agisse d'une apsara ayant commis un péché au ciel, ou bien de simples gens qui en commettent sur terre, tous doivent se repentir et souffrir les douleurs des mortels. C'est pour cela qu'il faut mener une vie bonne et pure. »

J'espère que Subhadra a trouvé refuge au swarg et qu'elle n'offense pas les dieux. Elle est si jeune, si innocente et ignorante ; elle ne sait pas toujours ce qu'elle fait. Je ne voudrais pas la retrouver à Ahmedabad sous les traits de la petite funambule. Si cela venait à se produire, elle ne saurait pas comment faire pour vivre de nouveau. Il vaudrait mieux qu'elle danse éternellement aux rythmes des dieux.

Je n'arrive pas à m'imaginer la lépreuse en apsara, et Pratibha décèle le doute dans mon regard. Mais elle est à bout de réponses, alors elle me demande si mon dieu est à l'image des hommes. Je lui explique que Dieu a une grande barbe et qu'Il habite au ciel, que c'est Lui qui a créé le monde, et pendant tout ce temps-là, jc ronge fiévreusement mes ongles. Oncle Menahem m'a dit un jour qu'Il n'avait pas de forme. Alors je me dépêche de lui préciser qu'Il n'a pas de forme mais qu'on peut L'imaginer comme une sorte de grand-père ou de sadhu[1] barbu.

Elle essaie de m'aider en me demandant si mon dieu ressemble à Brahma. Là, je suis perdue. Je ne sais pas trop de quoi Il a l'air, alors je m'empresse de répondre qu'Il est plutôt comme le prophète Abraham ; parce que Brahma et Abraham, ça sonne un peu pareil.

Une peur atroce m'étreint aussitôt, car j'ai péché en mentant au sujet de Dieu. Et si je me retrouvais à mendier au pied de l'arrêt de bus de Dariapur ? Ce serait horrible ! Je décide qu'il est grand temps de consulter Samuel.

Mais parler à Samuel n'est plus aussi facile qu'avant. Un duvet a poussé sur sa lèvre supérieure et, sur ordre de Tatie Hannah, il garde ses distances avec moi. N'empêche, dès que nous sommes seuls dans le cabinet de mon oncle où il travaille son violon, il tire sur mes nattes et me taquine au sujet de Raphaël. Puis, d'une seconde à l'autre, il fait volte-face et me dit que je ne dois penser à personne d'autre que lui. Mon cœur chavire. J'aimerais tant lui demander s'il m'aime, mais je n'ose pas.

Il est jaloux parce que j'aime bien Raphaël. Mais en même temps, il veut toujours tout savoir sur Vatsala. Il a passé un après-midi à jouer aux cartes avec nous, et je crois que depuis, il rêve d'elle. Elle est mince et élancée et il dit qu'il n'a jamais vu de nattes aussi épaisses, ni de chevilles

1. Homme saint, religieux mendiant.

aussi fines. Elle a un joli grain de beauté sur la joue gauche, dont Samuel n'a pas pu détacher le regard. Pratibha est plus petite et sa peau est plus bistre, mais elle a regardé Samuel avec plus d'intérêt que Vatsala.

Mon cousin n'a pas réellement de réponses aux questions que je lui pose sur notre Dieu. Il porte des lunettes maintenant et affecte un air intellectuel en les retirant sans cesse pour les essuyer. C'est vrai qu'il a l'air intelligent. Il remet ses lunettes et déclare : « Dieu est Amour. »

Mamie dit que si j'ai des questions, il faut que je vienne les voir le vendredi, avant le Shabbat, quand Oncle Menahem a le temps d'y répondre.

Mais je ne peux pas y aller puisque Mère dit que personne n'est disponible pour m'emmener à Dilhi Darwaza, et je n'ai pas le droit de prendre le bus toute seule. Je suis coincée. Je rêve aux bougies du Shabbat. J'aimerais être la sœur de Malka.

Mère n'allume pas les bougies du Shabbat. Selon elle, « Dieu est Travail ».

Puis je questionne Mani. Pour elle, le concept d'Allah est évident. Il existe dans son cœur et même si elle ne sait pas à quoi il ressemble, il est partout. Elle réfléchit à mon problème et propose la solution suivante : « Lorsque tu doutes, tu dois chercher Dieu dans les yeux de tes parents. C'est pour cela, explique-t-elle, que Pratibha et Vatsala reçoivent les bénédictions de leurs parents en leur touchant les pieds. C'est comme de toucher les pieds des divinités. Pareil pour les maîtres et les saints. » Elle est persuadée que si je m'y efforce, je pourrai voir Dieu à travers certaines personnes. Mais elle est à court de réponses lorsque je l'interroge sur la pierre noire de Ka'ba. Et quand je lui dis que la pierre reproduite sur la photo qu'elle garde toujours dans son sac ressemble à un Shivalinga, elle est franchement outrée. Elle me regarde d'un air ahuri et s'écrie : « Chérie, tu as perdu la tête ! »

Père dit qu'il n'a jamais réfléchi à Dieu. Il n'en ressent pas le besoin. Il se sent juif et ça lui suffit. « Mais moi alors ? » aimerais-je lui dire, mais je m'abstiens. « Dieu, poursuit-il, est Amour. » J'aimerais tant qu'il comprenne ma question, pourtant si simple, sur l'image de Dieu. Surtout lui, qui sait si bien façonner le bois, il devrait pouvoir m'expliquer cela. Mais non. Au lieu de quoi il me confie : « J'ai senti la présence de Dieu deux fois. Le jour où j'ai rencontré ta mère et le jour où tu es née. » Son regard se détache du perroquet qu'il est en train de sculpter, pour se poser sur moi avec tendresse.

Je ne sais pas comment réagir, car je n'avais jamais vu ce regard-là dans la maison de Dilhi Darwaza.

Je m'en remets à mon destin.

Au beau milieu des plis

Mère est une femme spéciale. Elle me raconte qu'elle a ressenti de l'amour dès l'instant où elle a vu Père, et que c'est elle qui l'a demandé en mariage. Dans cette communauté juive où les mariages s'arrangent exclusivement entre les familles des futurs, cela a dû représenter un véritable acte de rébellion. Jamais je n'avais vu Mère d'humeur aussi badine.

C'est le jour de leur quatorzième anniversaire de mariage qu'elle me raconte cela. Mamie a rassemblé la famille et nous sommes tous en habits de fête. Mère me fait une surprise : elle me prête son sari jaune bordé de paons et m'aide même à le mettre. C'est l'un de ceux que j'avais froissés pour en faire une jupe à Malka, et j'imagine déjà la tête qu'elle va faire quand elle me verra le porter. A tous les coups, Tatie Hannah l'obligera encore à porter la robe rose à paillettes et froufrous qu'elle déteste tant! Je vois d'ici son embarras, car Joël sera là et elle aimerait mieux lui dévoiler sa taille si fine.

Je veux porter le sari comme ma mère. Bien qu'elle ne laisse jamais paraître la moindre parcelle de son corps, je dois dire que c'est une femme fort bien habillée, contrairement à celles que l'on voit à la synagogue ou sur son lieu de travail. Ses saris pastel sont amidonnés comme il faut et elle arrange chaque pli bien soigneusement, l'un sur l'autre, après l'avoir lissé de la main. Quand elle rentre du travail, sa coiffure et son sari sont tellement impeccables qu'on se croirait le matin. Elle a toujours l'air fraîche.

Tatie Hannah, c'est tout le contraire. Peu lui importe qu'on voie une quelconque part de son anatomie. Ainsi, on peut apercevoir ses seins, tantôt par transparence, tantôt par le bâillement du décolleté, et elle découvre toujours sa taille et son dos. Les saris de Tatie ont beau être plus coûteux, Mère fait quand même plus chic. C'est sûrement parce que Mère travaille, alors que Tatie reste à la maison et je parie qu'à leur façon, elles sont jalouses l'une de l'autre.

Au beau milieu des plis, des épingles et des ajustements de tissu, elle me raconte comment elle est tombée amoureuse de Père. Elle l'a rencontré à l'école de secrétariat où elle étudiait après le bac. L'établissement était dirigé par un ami de Père (qui avait la bosse du commerce, lui) et il allait le voir dès qu'il avait un moment de libre. Mère avait décidé de trouver un travail pour être indépendante. A son sens, ses sœurs avaient choisi la facilité en s'éclipsant dès la fin de l'adolescence, ce qui, en réalité, n'avait pas dû leur être si facile que cela.

C'est un sujet tabou chez nous. Julie a épousé Iqbal lors d'une cérémonie musulmane et elle vit à Delhi. Elle a été rebaptisée Julekha. Une fois par an, pour la fête de fin du Ramadan, elle envoie une carte à Danieldada qu'il stocke dans un sac en papier, au fond de son placard. « Inch Allah, dit-il, du moment qu'elle est en vie. » Quant à sa préférée, Sinora, elle s'est mariée à l'église avec Peter, leur voisin. Elle n'avait pas convié Dada aux noces et il en a eu le cœur brisé. Depuis, elle se rachète en lui adressant de longues missives relatant sa vie à Bombay ainsi que des photos des enfants et des beaux-parents. Elles sont rangées dans un sac en plastique, près du sac en papier.

Quand je serai grande, j'interrogerai Danieldada sur sa culpabilité et sur ce qu'il pense du mariage. Quand j'observe la photo jaunie des trois sœurs auxquelles me lie une vague ressemblance, la panique m'étreint.

Mère a su immédiatement que Père était l'homme qu'elle cherchait – réservé, bien de sa personne et juif. Lui, pour sa part, n'était pas prêt à s'engager, même si la simplicité de Mère lui paraissait fort séduisante.

Lorsqu'elle lui a proposé de prendre le thé, il a accepté avec joie. C'était la première fois qu'une femme l'invitait chez elle. Elle ne ressemblait décidément pas aux autres femmes qu'il avait pu connaître et je pense qu'il a dû être choqué, intrigué et flatté tout à la fois.

La maison de Mère était très différente de celle de Père. Son sari rose perle, la nappe brodée sous les assiettes assorties, les rideaux de dentelle… Sans oublier les gâteaux de semoule et les boulettes de viande que Père aimait tant… Autant d'éléments favorables à une romance.

Après le décès tragique de Grand-mère Léa, Mère avait appris à prendre des décisions et à se débrouiller toute seule. Elle avait même consenti à intégrer la maison « pas tellement sophistiquée » de Père, à Dilhi Darwaza. Il lui paraissait évident que son père, ayant « perdu la face », ne pouvait aller au-devant d'une famille juive respectable pour négocier les termes du mariage. Après la mort de Léa, leur foyer avait volé en éclats et personne n'avait jamais pu en recoller les morceaux.

Au sein de cette petite communauté pratiquante, où il incombait depuis toujours aux anciens d'arranger les mariages et de prendre les décisions importantes, Mère a chamboulé les traditions en demandant elle-même la main de Père. Ce dernier aurait sans doute préféré une demande plus conventionnelle, que sa famille aurait adressée au père de sa promise. C'est d'ailleurs bien l'avis de Danieldada, qui estime qu'en agissant de la sorte, sa fille l'a couvert de honte. Elle n'a pas voulu que Dada fasse la demande à la famille de

Père, car elle craignait qu'ils ne l'humilient, à cause de son passé. Elle a donc insisté pour que Père annonce lui-même le mariage à sa famille. En fait, Danieldada aurait bien aimé qu'elle reste célibataire pour s'occuper de lui. J'ai compris alors d'où venaient les tensions qui régnaient entre eux.

Grand-père se souvient parfaitement du jour où elle lui a annoncé la nouvelle. D'un côté, il était satisfait qu'elle n'ait pas fui comme ses sœurs. D'un autre côté, le moment était mal choisi : il était assis à la grande table, un petit miroir posé devant lui, à se couper les poils des oreilles avec des ciseaux affûtés. A la radio anglaise, on parlait de la déportation des juifs. Les mots de Naomi lui ont tailladé le cœur. Il se souvient que des larmes ont coulé le long de ses joues et que sa main a tremblé. Sa fille a saisi sa main pour éviter qu'il ne se blesse.

Mamie non plus n'a pas apprécié que Mère brise ainsi les règles établies. Une belle-fille indépendante et lettrée… ce n'était sûrement pas ce qu'elle avait souhaité. Mais bon, ça valait toujours mieux qu'une fille issue d'une autre communauté. Oncle Menahem, par contre, a pris le parti de Mère. Il admirait sa hardiesse, au grand courroux de Tante Hannah. Lui était prêt à accueillir une fiancée qui savait ce qu'elle voulait. Mamie a fini par s'en accommoder, en faisant comme si de rien n'était. Elle est allée demander la main de Naomi à Danieldada, dans les formes. Les apparences étaient sauves.

Elle aimait bien faire rougir Mère en plein milieu d'un repas de famille, en évoquant les amours de mes parents. Elle relatait l'histoire en marathi et mimait la réponse timide de Père à la question que Mère lui avait posée sans détours : « Veux-tu m'épouser ? »

C'était le bon temps. Mamie nous faisait rire et nous bourrait de modaks cuits à la vapeur avec de la noix de coco et farcis de raisins. Samuel, à l'instar de Krishna, tressait des chrysanthèmes pour mes cheveux. Nos yeux débordaient d'amour et je l'entends encore me chuchoter à l'oreille : « M'épouseras-tu, sœurette ? »

Nous appartenons au ventre de notre famille. Mon sari balaie le sol et nous somnolons dans la douceur de la soie.

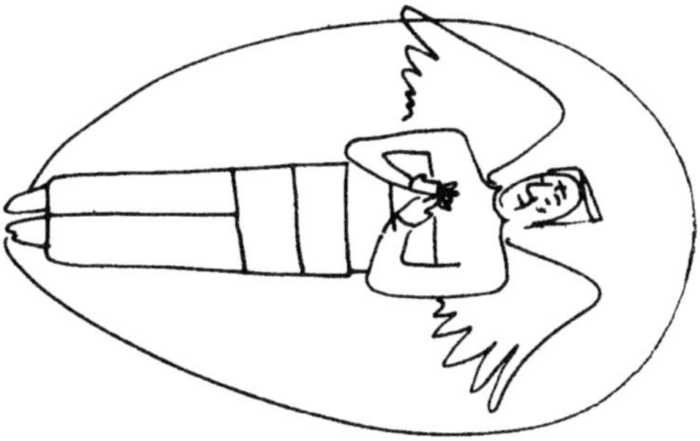

Naufrage

Père dit que Danieldada est gravement malade. Un ulcère incurable a dévoré son estomac et les dîners ont perdu leur charme. Nous mangeons en silence, pendant que Mohun lui fait avaler une soupe dans sa chambre, car il ne veut plus manger à table, avec nous.

A présent, il s'assoupit sur la balancelle, en plein milieu de phrases décousues. Puis, écoutant la radio, il se tourne vers moi et me dit à voix basse : « L'an prochain à Jérusalem… vas-y, vas-y, toi. » Je ne lui réponds pas. « Si j'avais emmené mes filles en Israël, elles auraient trouvé le bonheur », poursuit-il. Puis il dérive doucement vers un monologue en marathi, félicitant Léa de la couleur de son sari.

Julie et Sinora ont appelé Mère au bureau pour demander si elles pouvaient se rendre utiles. Mère leur répond qu'elle se débrouille. Moi je crois que Grand-père aimerait revoir ses filles, mais qu'il sait bien qu'elles ne vont pas venir. Elles ont choisi de croire que sa maladie n'est pas trop grave et ont promis à Mère de venir dès qu'elles en trouveront le temps. D'un ton las, Mère leur dit : « Le temps lui est compté. » J'entends Mohun pleurer en disant à Mère : « Il s'en va. »

Tout le monde essaie de me protéger de la vérité. Mais je sais que Grand-père est mourant et je ressens un calme étrange. Je vois les larmes de Mère.

De roc rugueux, elle se transforme en eau douce. Bien qu'elle ait du mal à exprimer l'amour qu'elle éprouve pour son père, l'idée de le perdre l'épouvante. Elle s'est même prise d'une certaine affection pour Mohun, probablement parce qu'il aime tant Dada. Ils s'entraident à la cuisine et parlent de lui. Mohun lui a permis de mieux connaître son père. Elle découvre, grâce à lui, qu'il chérit le souvenir de Léa et qu'il a besoin de se libérer de la culpabilité qui pèse sur lui depuis sa mort. Mère sent enfin l'amour filial poindre en elle.

Je sais maintenant que tout a une fin. Rien ne dure toujours. Les murs qui entourent la ville alimentent en poussière le lit de la rivière. Des forteresses vaincues, des portes béantes, des tours de guet aveugles, des nids abandonnés. Mani espère que Dada connaîtra une fin sans souffrance. « Ce sont les péchés de notre vie précédente qui nous valent une fin terrible », dit-elle. Peut-être Danieldada connaîtra-t-il une fin de souffrances lors de sa prochaine vie, à cause des douleurs qu'il a infligées à Léa dans celle-ci. Mère dit que notre Dieu punit ceux qui enfreignent la Loi.

On recouvre ses yeux avec de la terre venue de Jérusalem. J'en prends une poignée, moi aussi. C'est de la terre brune et sèche, de la Terre Sainte, semblable en tout point à celle de ma patrie d'adoption.

Des mètres de tissu blanc, cousus à la machine par Mère, Mamie et Tatie Hannah. Son linceul. Le pantalon, la longue veste, le crêpe noir… on lui enfile des chaussettes blanches et on attache une brindille de feuilles parfumées à ses mains, à l'aide d'un mouchoir. Le voilà prêt pour son dernier voyage.

Les mains couvertes de la poussière des deux pays et mouillées par mes larmes, je m'interroge sur Jérusalem. Auprès de la tombe, Samuel se tient aussi droit qu'une statue, ignorant la bougie qui dégouline et lui brûle les mains.

J'aimerais lui demander d'où nous venons, et où nous allons. Nous n'en savons rien. Mais nous savons pourquoi. Il nous faut fuir la mort certaine. L'expulsion. L'exil. Les foyers saccagés, brisés, incendiés. Errer de ruine en ruine avec le Livre sauvegardé. Celui perdu dans le naufrage. Des yeux regardent le Temple d'or du roi Salomon. L'exode. Traverser les océans. Les dix tribus égarées se cherchent de la voix, s'interpellent depuis de lointaines contrées solitaires.

Voyage interminable, à pénétrer le cœur de la nuit, à suivre la Route de la Soie depuis le Yémen. Rome? L'Espagne? Navgaon[1]. Presser l'huile de coco sous le regard endormi d'un bœuf. Avant Jésus-Christ? Après Jésus-Christ? Le récit de l'exil, le Livre perdu en mer d'Arabie. Encerclant la liberté de nos esprits, de notre souffle, de nos pensées, nos prières s'offrent à ce Dieu sans visage, dans ce pays où le regard est maître.

Jérusalem, ville d'or. Des yeux, flottant tels des poissons à la surface des eaux turquoise du lac de Galilée. Eternel recommencement de l'histoire. Adieu. Tout quitter, tout reprendre à zéro. Circoncis tes fils. Observe le Shabbat.

Des peaux s'entremêlent, se métissent, les couleurs changent.

Des tombes laissées sur les rives de Navgaon. Six couples confiés au ventre de la terre. Mystérieux pays d'origine de mes ancêtres. Je ne suis que la graine d'un arbre enterré. « Retournez les tombes et nous saurons qui nous sommes. » Ivre de rhum, Oncle Menahem frappe du poing sur la table. Mamie est pétrifiée par le blasphème et nous sommes terrassés par la peur.

Je voudrais me cacher dans le temple de Pratibha et offrir des lotus à son dieu, comme les gopis[2]. Krishna, abrite-moi.

1. Lieu où les Béné Israël (juifs indiens) auraient débarqué en Inde.
2. Vachères éprises de Krishna, le « berger de l'amour ».

Je pourrais trouver refuge sous le mont Govardhan, qu'il tient si aisément au bout de son doigt. Quoi qu'il arrive, pluies, orages ou éclairs, je pourrais toujours me blottir contre ses vaches.

« Récite le Shema pour éloigner les bhoots[1] de ton esprit. Embrasse la mézouza sur le seuil de la maison. Le signe sur la porte empêche les mauvais esprits d'entrer », me conseille Mamie. Je n'ai pas le courage de lui avouer que le charme du parchemin ne fonctionne pas pour moi.

Il me faut quelque chose de plus concret. Mamie pourrait peut-être comprendre ? Elle qui dit *deva* en parlant de notre Dieu, et *deval* pour la synagogue, son Dieu doit bien avoir une sorte de figure, comme Hanuman ou bien Kali. En revanche, elle n'utilise pas le terme de *prarthana* pour les prières, elle dit *namaaz*[2]. Mais peut-être ne comprendrait-elle pas finalement, vu qu'elle est si contrariée par l'oncle Gérard qui vénère Saibaba[3].

Les écureuils attendent en vain que Danieldada les nourrisse. La balancelle délaissée se met à grincer. Le perroquet et le paon sont réduits au silence.

---

1. Esprits.
2. *Deva* et *deval* : « dieu » et « maison des dieux » (temple), en marathi.
Prarthana : « prière » pour les hindous.
Namaaz : « prière » pour les musulmans.
3. Homme Saint contemporain faiseur de miracles.

Tatie Jérousha

La balancelle désertée sur la véranda m'effraie et la mézouza est bien incapable d'éloigner les images de Danieldada, qui surgissent du néant. Il me faut fuir la maison de Shahibagh, me réfugier à Dilhi Darwaza.

Il paraît que l'esprit de Danieldada va rôder quarante jours durant, alors Mère préfère que je dorme à l'autre maison, avec Mamie.

Mais Mamie a changé. Elle est pleine d'inquiétude. Tatie Jérousha va rentrer d'Angleterre. C'est la fille aînée de Mamie. Elle est docteur. La maison a beaucoup changé depuis son départ et Mamie craint que sa fille ne soit rebutée par le désordre qui y règne. Moi, j'ai peur de la rencontrer. Nous autres, communs mortels qui vaquons à nos humbles tâches quotidiennes, nous sommes affolés par notre tante si fascinante.

Toute la maisonnée l'accueille à la gare avec des guirlandes d'œillets. A sa descente du train, mince, le teint clair, elle porte des chaussures à talons carrés, une jupe droite et noire, une chemise de soie crème, un rang de perles, un foulard rose vif. Elle est coiffée d'un chignon impeccable à la mode française et semble sortie tout droit d'un de ces magazines anglais que lit la tante Hannah. Nos yeux ébahis ne peuvent croire que cette belle femme fasse réellement partie de notre famille. Comment pourrais-je désormais lécher mes doigts pleins de chutney devant elle ? Mais je le fais pourtant et, oh surprise, elle imite mon geste.

On a du mal à accepter sa présence dans la maison, même si elle fait de son mieux pour nous mettre à l'aise, en se comportant comme si elle ne l'avait jamais quittée. Par contre, elle passe outre les regards curieux qui se posent sur ses jambes et fait la sourde oreille lorsque Mamie lui demande de troquer sa jupe contre le costume traditionnel. D'une phrase, elle coupe court au débat : « Je ne sais pas marcher en sari. »

Elle partage la chambre avec Mamie, Malka et Samuel.

Moi je retourne à Shahibagh, après que mes cousins ont promis de me révéler ce que Jérousha porte pour dormir. A la stupéfaction familiale, c'est d'un kimono qu'il s'agit. Tatie Hannah est tout simplement horrifiée : « Mais que vont dire les domestiques ? »

Hannah et Mère dorment en sari.

C'est ainsi que les ennuis commencent et Samuel se fait le rapporteur d'incessantes disputes. Pour sa part, il trouve que c'est un grand honneur de partager la chambre d'une personne si brillante. Et ça titille Tatie Hannah, qui du coup déclare que Jérousha doit avoir une chambre à elle. De toute évidence, les trois femmes ne s'entendent sur rien et Oncle Menahem se mure dans un silence embarrassé. Comment pourrait-il prendre parti ?

Jérousha s'intéresse à nos devoirs et vient me voir régulièrement à Shahibagh. Elle estime que je devrais être autorisée à m'habiller au goût du jour, avec des vêtements à ma taille, et que je pourrais apprendre à danser. Voilà qui ne manque pas de contrarier ma mère qui lui signale sèchement que « cela ne se fait pas dans notre famille ». Tatie Jérousha tente malgré tout de convaincre Mère. Elle se met même à pleurer, égrenant la litanie des interdits qui ont émaillé son enfance. Les souvenirs qu'elle garde de son père sont teintés d'amertume. Les punitions. Trimer sans cesse, à l'école d'abord, puis à la faculté. Jamais de jeux, jamais de rires. Je crois qu'elle doit être bien plus forte que Mère.

Il m'arrive de penser qu'elle doit détester la terre entière.

Père dit qu'elle a été élevée pour être le soutien financier de la famille, vu que son père n'accordait aucune confiance à ses fils. Chaque fois qu'un prétendant se montrait chez eux, il l'éconduisait sans même consulter sa fille, si bien qu'elle en était arrivée à se croire fort laide et dépourvue des qualités qui font une bonne épouse. Elle s'est sacrifiée pour sa famille et pour l'humanité tout entière.

Et c'est ainsi qu'elle est rentrée d'Angleterre, ayant chassé de son esprit toute pensée amoureuse au point qu'elle a refusé une demande en mariage, qu'un collègue veuf lui avait pourtant présentée.

Mamie tente de se justifier : « Comment trouver un parti convenable à Jérousha, qui a fait de si brillantes études ? Un juif bagdadi aurait bien pu faire l'affaire, mais ils ne nous trouvent pas assez cultivés, trop imprégnés de coutumes indiennes, un peu provinciaux en somme. Et dans un tel foyer, qui sait comment ma fille aurait été traitée ? Alors autant qu'elle reste en sécurité, auprès de sa mère. » Sans même s'en rendre compte, Mamie vient de me claquer au nez la porte qui aurait pu mener à Raphaël. Car où prendrais-je désormais l'audace de rêver à un être qui me range dans une caste inférieure ?

C'est pas facile de faire comme Tatie Jérousha, de prendre la vie comme elle vient. Elle écoute de la musique et, une fois par semaine, elle accompagne la famille pour voir un film hindi, sans jamais se départir de son air impassible, même au cours des scènes d'amour les plus torrides.

De temps à autre, elle prépare des puddings ou de la gelée de fraise arrosée de crème anglaise, pour toute la famille.

Je suis un peu jalouse d'elle, car depuis qu'elle est arrivée, Mamie me délaisse et n'a d'yeux que pour sa fille. D'après Père, c'est parce qu'elle se sent coupable de ne pas s'être opposée au père de Jérousha quand celui-ci se montrait d'une sévérité excessive. De même qu'elle n'a jamais exigé de son mari qu'il autorise leur fille à accepter ou rejeter elle-même l'une des demandes en mariage.

En fait, on dirait que Tatie Jérousha se fiche de tout, sauf de son travail à l'hôpital. Elle paraît tellement à l'aise que je l'admire et l'envie à la fois. Une fois par an, elle organise un tour de l'Inde pour des groupes de parsis ou d'Anglo-Indiens, avec une escale « shopping » à Bombay.

Oncle et Père déclarent à l'unisson que nous devrions prendre exemple sur la tante Jérousha. Elle a ramené de Londres des livres sur le judaïsme et nous lit des passages : « Le Seigneur est mon berger, je ne manquerai de rien… » Je pense que ma tante est quelqu'un d'authentiquement spirituel, malgré ses vêtements élégants. Je comprends à présent ce qu'est Dieu : une vie mise au service de l'humanité.

Inspirée par l'exemple de Tatie Jérousha, Malka se fait une idée neuve de son avenir. Elle dit qu'il est futile de rêver à Joël, et regarder ailleurs… elle n'oserait jamais. Les garçons des autres communautés l'effraient. Ils sont trop différents et la mettent mal à l'aise. Elle ne veut même plus devenir une vedette de l'écran. Aussi, quand la famille va au cinéma, elle reste à la maison sous la bonne garde d'Amina, s'adonnant sagement à la lecture.

Rien ne dure toujours. Jérousha s'est vu offrir le poste de directrice de l'hôpital de Surendranagar. Il lui faut une maison. Il va sans dire que Mamie ira vivre avec elle. Les biens familiaux sont répartis entre Père, Oncle et Mamie, mais ça se négocie entre femmes. Les arguments belliqueux de Tatie Hannah remportent le plus gros morceau. Mère touche la part la plus petite. Furieuse, Mamie lance en partant les clés des placards métalliques à Hannah. La maison est désormais à elle.

La maison des mangues

Jadis, j'attendais l'été avec une impatience délicieuse. En cette saison, la maison de Dilhi Darwaza embaumait les mangues Alphonso étalant leur maturité sur des nattes de paille. Nous vivions au rythme de leurs préparations diverses : en conserve, crues, séchées, mûres ou blettes.

C'était le temps où oncles, tantes et cousins de tous âges peuplaient la maison, qui bruissait de débats généalogiques : qui était lié à qui et pourquoi et comment? Et les juifs avaient-ils débarqué sur le sous-continent après l'Inquisition, ou bien après la chute du second Temple de Salomon? Et y avait-il réellement eu naufrage, ou avions-nous emprunté la Route de la Soie?

Nous écoutions ces histoires, à moitié assoupis, en nous demandant à quelle famille on allait nous attribuer en fin de compte. Nous dévisagions les hommes avec leurs barbes blanches et leurs grandes moustaches, et les femmes, matrones replètes. Nous échangions des œillades furtives avec l'un ou l'autre des cousins, qui avait peut-être rêvé de nous, comme Malka et Joel.

Quant à moi, mue par une double loyauté envers Samuel et mon Krishna bagdadi, je refusais d'accorder ne fût-ce qu'un regard à l'un de mes autres cousins, et je me retirais du jeu des alliances familiales en les traitant tous comme des frères. De toute façon, leurs centres d'intérêt, leurs passe-temps favoris me semblaient si limités que, si j'étais tombée amoureuse, cela m'aurait conduite tout droit au suicide en moins de dix minutes... A l'exception d'Emmanuel peut-être, qui était revenu de Londres avec une pile de disques, des valses exclusivement. Il me dévisageait longuement et j'en étais flattée, même si en ce temps-là, je n'étais encore qu'une écolière. Lorsqu'il se proposa de m'apprendre à valser, Malka, plus proche de lui par l'âge, fut littéralement verte de jalousie. Sa rancune, du reste, s'avère tenace.

La famille était choquée, mais s'efforçait de rire complaisamment, de peur de passer pour des provinciaux. Père, le visage austère, remonta le gramophone à l'énorme pavillon de laiton poli, et nous dansâmes, ma main raide et glacée dans celle d'Emmanuel, mon visage écarlate et mon cœur battant la chamade. Il me serrait de près, lâchant une haleine chargée de rhum sur mes cheveux, et je pouvais à peine bouger quand je l'entendis me chuchoter à l'oreille, « On pourrait peut-être se marier, t'es belle, tu sais. » Puis il me repoussa sans crier gare et s'écria : « Oh, mais elle danse comme un cheval, celle-là ! Il n'y a rien à en tirer. »

Le cercle des anciens pouffait de soulagement, tandis que Mère me fixait d'un air qui trahissait une forte envie de me gifler.

Quand nous fûmes seules, elle grommela : « Tu aurais dû me demander la permission. »

Mais du jour où les parents d'Emmanuel demandèrent à Père si nous pourrions envisager d'unir nos deux familles, son regard sur moi changea. La réponse fut : « Non, elle est bien trop jeune, elle doit d'abord s'assurer un avenir professionnel. »

Un fin duvet frisé avait à peine percé entre mes jambes, et Mère m'avait cousu une veste qui m'empêchait de respirer.

Quand elle me la fit essayer, elle remarqua : « Qu'un garçon puisse songer à épouser une fille aussi quelconque que toi, cela me dépasse. »

Et puis Samuel s'était senti trahi, parce que j'avais dansé avec Emmanuel, et Malka était blessée aussi. D'ailleurs, plus tard, quand le père d'Emmanuel a demandé la main de Malka pour son fils, elle a refusé, parce qu'elle n'avait été que son deuxième choix et que, de toute manière, elle était amoureuse de Joël.

Des années plus tard, alors que le rêve de Malka allait enfin se concrétiser, elle a refusé aussi d'épouser Joël. Elle avait senti dans ses lettres qu'il n'était pas l'homme qu'elle recherchait. Il était plutôt terne finalement, et il ne partageait guère tous ses centres d'intérêt. Sans compter qu'une vie entière passée à lui préparer des curries, dans un pays si éloigné des siens, était une perspective proprement terrifiante. De plus, la famille Gérard exigeait que Malka ne travaille pas à l'extérieur. La formulation même de leur lettre a éveillé sa colère, et elle a prié l'oncle Menahem de leur signifier qu'ils n'avaient aucun droit de lui imposer leurs décisions. Elle refusait d'être à leur service commandé pour le restant de ses jours, même si Tatie Hannah ne voyait pas du tout quel mal il y aurait à rester à la maison, du moment qu'elle avait un mari juif. Mais, pour une fois, le conseil des anciens était divisé, car pour certains d'entre eux, une belle carrière était préférable à un beau mariage.

La désillusion de Malka a été à son comble lorsque Joël a fini par épouser Rébecca, l'une de nos cousines éloignées. Oncle Menahem a alors proféré ce commentaire d'une haute teneur philosophique : « Et après, il faut bien que la tribu croisse et se multiplie. »

La fêlure dans le mur

Mani me raconte une histoire. « Une nuit, un inconnu se présenta aux portes d'une ville et demanda à entrer car, disait-il, il avait un message de la plus haute importance... Il avait rêvé, en effet, qu'une nuée de criquets allait s'abattre sur ladite ville.

Mais comme rien ne prouvait que l'homme habitait bien là, les autorités se méfièrent. Comment un étranger pourrait-il prévoir en rêve ce qui va se passer chez nous ? Alors on le traîna au cachot et on lui annonça sa pendaison prochaine. Les récoltes furent toutefois mises à l'abri. Puis les criquets arrivèrent, comme il l'avait prédit, et comme la nourriture fut sauve, il reçut une récompense. Il révéla alors que sa mère était originaire de l'endroit. A compter de ce jour, on cessa de fermer les portes de la ville, car, expliqua l'homme, pour voir au loin, il fallait les garder ouvertes. »

J'aime cette histoire. Elle est pleine de mystère. Qui était l'homme ? De toute évidence, les gens de la ville ne le connaissaient pas. Leur vouait-il une tendresse telle qu'il leur venait en aide au risque même d'y perdre la vie ? L'abondance de dangers insoupçonnés me fascine. L'homme disait-il la vérité au sujet de sa mère ? Ou se jouait-il des sentiments des habitants, en exposant la ville au péril, bien supérieur, d'une invasion ennemie ? Ou était-ce un espion ?

Pour moi, Ahmedabad est comme cette ville, toujours vibrante d'un danger potentiel. Depuis que des pluies diluviennes se sont abattues sur les derniers murs de la forteresse, près de la Sabarmati, une profonde fêlure s'y est fait jour. On évacue les habitants. On décide d'abattre une partie des murs. Les journaux du Gujarat se font l'écho de débats contradictoires. Les historiens protestent. Mais la sécurité de la population l'emporte. Je ne peux pas m'imaginer Ahmedabad dépouillée des derniers vestiges de sa gloire d'antan.

Les femmes du bidonville de Shahpur viennent prendre briques et pierres, pour renforcer leurs cabanes faites d'argile, de tôle et de chaume. La cicatrice du mur se fait de plus en plus béante, jusqu'à offrir un passage aux vaches, aux chiens et aux mendiants qui viennent se laver dans les eaux de la rivière, rougie du sang de son peuple. On brandit des épées. Les lianes et les fleurs des murs sculptés dépérissent. Le couvre-feu est décrété sur la ville ceinte. Revolvers et fusils surgissent de nulle part. A en croire les journaux, ce sont des gens venus d'ailleurs qui ont déclenché les troubles. Et maintenant il est trop tard pour verrouiller les portes. Qui était l'homme qui les a ouvertes ? Avait-il tort, avait-il raison ? Mais les fenêtres sont closes. Les portes barricadées. Quelle est ta religion ? Qui es-tu donc ? Et d'où viens-tu ? Nous sommes jetés dans les flammes de l'enfer.

Les pigeons de Père et d'Anwar sont morts. Père les a toujours considérés comme « leurs » oiseaux, même après qu'il est parti vivre à Shahibagh. Il rendait visite à Anwar tous les dimanches après-midi.

Des placards de bois brisés. Du sang et des plumes. Anwar est étendu sur un lit de sangles, avec une fracture à la main. Il risque de ne plus pouvoir travailler. Oncle Menahem dit : « Nous n'avons perdu que la victoria. Elle a brûlé et les chevaux sont en état de choc. On pourrait peut-être les vendre au temple des jaïns. Ils cherchent justement des chevaux blancs pour leur chariot de cérémonie. » Il a décidé de vendre la maison et d'emménager dans un quartier cosmopolite. Avec des parsis et des chrétiens pour voisins. Il vend la maison à Rahimbhai Hadvaid, le rebouteux.

Mani dit que le soulèvement est comme un rakshasa, un démon. On ne sait pas comment s'y prendre pour le détruire. Impossible de savoir où se situe le cœur du démon. Il le dissimule au fond d'un cachot, dans un perroquet en cage ou entre ses sourcils. Son cœur est un mystère, dont lui seul détient la clé. Alors le démon jouit d'une vie éternelle, indestructible et dangereux.

Sans la maison, nous sommes orphelins. Le foyer de Dilhi Darwaza était comme le sein d'une mère, doux et réconfortant. Je sais maintenant ce que Mère ressent.

On vend la grande table à manger, le cœur battant de notre ancienne maison. Elle est trop grande, trop encombrante et d'ailleurs il n'y a aucune porte assez large pour la passer. En perdant cette table, nous avons perdu un ancêtre de plus. Et le sentiment de proximité que nous procurait la victoria est parti en fumée avec elle. Mère et Tatie Hannah achètent à tour de bras des tables en formica, vertes et bleues, des cuisinières à gaz et des casseroles. La dureté de l'acier chasse les reflets chaleureux du laiton et du cuivre. Père ne peut imposer à Mère le choix d'une autre table. C'est son domaine à elle. La table en teck de Danieldada est vendue au bazar près de la rivière, et Mère protège sa nouvelle acquisition des rayures et des taches. Les souvenirs s'effacent, et la distance qui sépare les maisons s'empare des cœurs.

Lakshmi

Les affaires de Père prospèrent et tout le monde dit que je suis Lakshmi, la déesse de la fortune, dont la présence est garante de prospérité. Je suis flattée. Je me vois, debout sur une fleur de lotus, arrosant la terre entière de pièces d'or. Avec un sari rouge aux bordures dorées et une couronne de pierres précieuses.

A la fête de Diwali[1], j'aide Pratibha à disposer des lampes en terre cuite sur sa terrasse. Les feux de Bengale et les pétards font ressembler sa maison au swarg et nous, nous sommes les apsaras vêtues de ghaghras qui dessinons des rangolis[2] bariolés à l'entrée de la maison. Pratibha m'apprend que si les rangolis sont beaux et que les lampes ne se sont pas éteintes, Lakshmi visitera la maison sur le coup de minuit. Il faudra que je demande à l'oncle Menahem si Lakhsmi est un peu comme le prophète Elie. Dans la maison de Mamie,

1. Fête hindoue, où l'on allume d'innombrables lampes à huile, pour guider Rama rentrant de l'exil. Dans la région de Bombay, la fête est aussi dédiée à Lakshmi.

2. Dessins faits sur le sol avec des poudres colorées.

pour le repas de Pessah[1], nous avions l'habitude de laisser la porte ouverte pour le prophète. En attendant, ma maison est plongée dans l'obscurité lorsque je me glisse dans mon lit. J'aimerais allumer une lampe et dessiner des lotus sur notre entrée. Mais pas de svastika, ça je sais que je ne dois jamais en dessiner.

C'est moi, la seule vierge de la maison, qui incarne la déesse Lakshmi de bon augure. Les meubles que fabrique Père se vendent bien. L'un des pujaris[2] du temple de Kali est impressionné par la qualité du travail de mon père et dit que c'est grâce au temple de Bhadra Kali qu'il connaît une telle réussite. Depuis qu'il a fabriqué des tabourets sculptés pour le temple et offert un divan au pujari, la déesse nous dispense ses faveurs. Le pujari nous rend visite, habillé d'un dhoti blanc, une étole rouge jetée sur l'épaule, et sur son front orné d'un gros point pourpre s'agite une petite mèche de cheveux solitaire.

Comme Subhadra jadis, il ne s'assoit jamais dans notre salon et refuse les boissons et nourritures que nous lui proposons. Père a demandé à Mère de ne plus lui servir ni thé ni café, afin de ne pas le gêner. Le pujari questionne Père sur nos habitudes alimentaires, et Père tente de le mettre à l'aise en lui expliquant nos coutumes. Il n'est guère convaincu. Nos voisins ne semblent pas nous tenir rigueur des coquilles d'œufs et des os que les chiens errants et les corbeaux viennent picorer au milieu des ordures, avant de les répandre près des autres maisons. A Dilhi Darwaza, la famille de Subhadra s'en plaignait souvent. Aujourd'hui, eux aussi songent à vendre leur maison pour trouver un coin moins dangereux. L'autre nuit, une bombe à pétrole a atterri dans leur cour. Ils veulent louer une maison sur l'autre rive. Père dit qu'en général, les gens qui partagent les mêmes habitudes alimentaires se regroupent. « Mais moi je suis différent, dit-il, moi je suis gujarati. » Quant à Tatie

1. Fête juive célébrant la sortie d'Egypte et la fin de l'esclavage.

2. Prêtre.

Hannah, elle ne supporterait pas un instant qu'on lui fasse des remarques sur ses coutumes alimentaires, alors Oncle a acheté une maison dans un quartier où les voisins mangent de la viande. Mais lui, ça lui est égal de savoir qui mange quoi. Quand j'entends ce genre de discussions, j'ai l'impression d'être une cannibale.

Hasmukh Mistry me raconte une anecdote à propos du pujari. La déesse était apparue en songe à son grand-père. Elle lui dit qu'on l'avait ensevelie sous le fort et lui demanda de la déterrer. Quand il la trouva, sa joie fut immense : de la pierre noire et des yeux vivants qui répondaient aux prières des croyants et punissaient les pécheurs. Apparemment, leurs dieux ont besoin de respirer. Moi je me débats toujours avec mon Dieu, aussi immatériel qu'un souffle.

L'âme de Mistry est simple et il ignore tout des opinions de ma mère à l'égard des idoles et des divinités. Alors, en toute innocence, il a déclenché chez nous une sorte de guerre de religion. Il a cessé de sillonner les routes et s'est acheté une petite maison dans les faubourgs de Chandlodia, près du lac. C'est là qu'il vit avec sa femme et ses enfants. Il a fait le vœu de porter au Bhadra Kali une offrande de onze noix de coco et d'une boîte de cinquante et une pedas, et ceci en présence de sa famille et de la nôtre réunies.

Mère refuse catégoriquement de l'accompagner au temple, mais Père n'y voit aucun inconvénient. Il s'est déjà souvent rendu dans des mosquées ou des temples, et cela ne l'a jamais perturbé. S'il n'y prend pas autant de plaisir que Danieldada, il n'y rechigne pas non plus. Quoi qu'il en soit, il tient énormément à Mistry et rien ne pourra l'empêcher de l'accompagner au temple de Bhadra Kali.

Lorsque Mistry réalise que Mère ne viendra pas, il s'assied par terre en se tenant la tête. Si jamais il ne tient pas la promesse faite à la déesse Kali, elle détruira tout ce qu'il possède. Père jette à Mère un regard lourd de reproche, et je me rends compte qu'ils ont peur tous les deux. Mon père et ma mère. Rien de ce qui constitue leur petit univers ne doit s'écrouler, simplement à cause d'un souhait non exaucé. Mère finit donc par accepter, mais à une condition : qu'on ne lui demande pas d'incliner la tête devant un autre dieu que le sien.

Dès que j'entre dans le temple, l'excitation me gagne. Des tambours, des clochettes, un nuage de sindoor. Aussi sombre que la nuit, Kali est vêtue d'un sari de brocart et ses yeux, semblables à ceux de Subhadra, s'enfoncent dans les miens. Le pujari est ravi de voir Père. Il brise les noix de coco et après l'aarti, il nous retourne l'offrande, accompagnée de délicieux gâteaux. Je m'empresse de suivre Mistry et son épouse, et j'effleure la flamme avec le geste qu'avait Mamie pour bénir les bougies du Shabbat. Je me tiens là, tête baissée, mains jointes en supplication et Mère ne me lâche pas du regard. Puis il y a une bousculade et nous devons nous éloigner. En sortant, j'en profite pour faire tinter la cloche. Deux jours durant, Mère ne m'adresse plus la parole, puis elle me demande : « Pourquoi tu as fait ça, hein, pourquoi ? » Pour toute réponse, je dis : « Mais parce que j'aime le son des cloches. Pourquoi n'avons-nous ni tambours ni gongs à la synagogue ? » Elle voudrait s'en sortir en m'expliquant le rôle du Shofar[1], mais ses réponses me laissent insatisfaite. Son regard suppliant semble me dire : « Si tu remets toujours tout en question, tu souffriras sans cesse. »

---

1. Corne de bélier que l'on fait retentir à la synagogue, pour le Nouvel An juif et le jour du Grand Pardon.

Mumtaz Begum

Mani a deux noms, Mani et Mumtaz. Tout comme mon grand-oncle, Shamaji Samuel Dandekar, notre héros familial. Celui qui a pris part à la lutte pour l'indépendance, celui qui fait que nous avons honte de tous les autres membres de la famille restés fidèles aux Anglais. Mumtaz, alias Mani, a été ainsi doublement nommée par son père Rasoolbhai, parfumeur officiel du nabab de Palanpur. Sa femme avait déjà perdu quatre enfants quand le cinquième a été accouché, en parfaite santé, par une sage-femme qui s'appelait Mani. Cette sage-femme avait accepté que Rasoolbhai soit son frère *mooh bola bhai*, ce qui signifie : « Il est mon frère, car je le déclare tel. » Fou de joie, l'homme enfin devenu père a voulu la couvrir de cadeaux. Mais elle a demandé que l'on donne plutôt son nom au nourrisson. Puis elle est morte, peu après la naissance du bébé, et Rasoolbhai y a vu un présage : le dernier vœu de la sage-femme avait été de vivre au travers de cette fille nouveau-née, qui à son tour, apprendrait un jour à mettre au monde des enfants.

Voilà la version de Mani et j'y souscris bien volontiers. Mais Oncle Menahem prétend qu'il était très courant, à l'époque des tensions intra-communautaires, de donner deux prénoms aux enfants, afin de dissimuler leurs origines.

Mani ne se fait jamais appeler Mumtaz, et son visage ne révèle pas ses racines. Ses yeux trahissent le souvenir de pertes atroces, de vide et d'abandon. Et pourtant, son avenir s'annonçait si bien ! Son père lui avait enseigné l'art de transformer les fleurs en parfum. Mais aujourd'hui, elle n'a plus de raison de fabriquer du parfum, ni d'en porter, d'ailleurs. Elle ne connaît plus que l'essence de tabac. Celle qui assomme toutes les douleurs.

Elle n'est pas heureuse et se sent à l'écart des gens de son ethnie, qui vivent groupés entre Dilhi Darwaza et Kalupur Darwaza. A Shahibagh elle se sent seule, malgré notre compagnie, celle de Mohun et de Mistry, et quand les tantes de Pratibha, veuves elles aussi, lui demandent d'où elle vient, elle est très mal à l'aise. Que les hommes de notre maison acceptent la nourriture et l'eau qu'elle leur apporte, cela la touche, bien sûr. Mais si jamais un malheur devait arriver, elle redoute d'être tuée, brûlée vive ou violée.

Ce n'est plus la Mani que je connaissais. Elle a cessé de raconter ses magnifiques histoires et reste assise pendant des heures à broyer du noir, comme la mendiante de Dariapur. Elle me rappelle ces vieux canassons qui traînent les quelques ghodagadis qu'on trouve encore à Delhi Chakla, les yeux assaillis par les mouches, la tête branlante, agitant mollement la queue au son des motos-pousse qui ont désormais nos faveurs.

Elle demande une journée de congé à Mère, pour rendre visite à ses amis à Dilhi Darwaza. Cela ne s'est produit qu'une fois auparavant, le jour où elle avait emprunté le parapluie de Mamie pour aller voir l'exceptionnel spectacle de la rivière en crue. « Lorsque notre rivière monte, elle se déchaîne comme une horde de chevaux au galop. C'est très rare de la voir frôler le bas du pont », avait-elle dit. Elle appelait la structure en fer *lakadia pul*, du nom du pont en bois qu'il y avait là du temps de son grand-père. Mani est excitée par la rivière tumultueuse car, dit-elle : « En général, la rivière est comme un désert. » Je me demande si ce n'est pas d'elle-même qu'elle parle.

Ces derniers temps, Mère s'est montrée impatiente avec Mani. Elle la soupçonne de chercher du travail ailleurs. Elle lui accorde néanmoins sa journée et Mani nous surprend tous en se lavant sous le robinet du jardin, vêtue d'un vieux sari. Elle m'autorise à rester là, pendant qu'elle met un sari fraîchement lavé et me laisse explorer le contenu de sa malle en fer. Il contient un miroir fêlé, deux saris, un jupon déchiré, une affiche bigarrée de la Ka'ba et une petite boîte à parfum en bois, tapissée de velours, renfermant un flacon d'extrait de jasmin, le seul et unique souvenir qu'il lui reste de sa famille. Elle le débouche, me laisse m'enivrer de son bouquet un court instant, puis le rebouche. Elle ne s'en sert jamais, parce qu'elle est veuve. Ensuite, elle me bénit en posant ses poings fermés sur ses tempes et dit : « Quand tu te marieras, bébé, je te baignerai avec cet extrait. »

Un jour, après avoir vu quelqu'un se faire poignarder dans la rue, elle ne rentre pas chez nous. Elle dépose son témoignage à la police et la cour de justice, plusieurs jours d'affilée. Pendant ce temps, Mani, la nouvelle héroïne de Dilhi Darwaza, est logée par la famille d'Amina, et les vieilles accusations de Hannahbaï sont effacées. Mani a décidé d'épouser Hasanchacha, un veuf qui est peon[1] à la cour. Après d'innombrables verres de thé doux-amer, bus de concert sur le sentier face à la mosquée d'Ahmedsha, elle a finalement consenti à devenir sa begum.

Mani, devenue Mumtaz Begum, débarque en moto-pousse pour nous raconter ses fiançailles, apportant force gamelles remplies de biryani fumant. Elle a maintenant un vrai foyer, mais elle m'a abandonnée, moi, sa fille adoptive, pour ne laisser derrière elle que l'essence de son esprit. En partant, elle m'a fait cadeau de sa boîte à parfum.

---

1. Homme dont le travail consiste à apporter nourritures et boissons aux employés des administrations ou entreprises.

Le prophète

Oncle Menahem attend le prophète Elie.

Tatie est à l'hôpital où elle a accouché d'un petit frère de Samuel. Malka semble embarrassée et Samuel passe ses journées avec les garçons Syed à Dilhi Darwaza. L'oncle s'est fabriqué une tente faite d'épais khadi qu'il a installée au milieu du salon et il a entamé un jeûne de quarante jours, n'absorbant qu'un peu de nourriture au coucher du soleil. Il a décidé qu'il ne verra l'enfant qu'une fois que le prophète lui sera apparu.

Il lui faut voir pour croire.

Tatie pleure sans arrêt et tout repose sur Mère. Elle passe à l'hôpital très tôt le matin, avant d'aller à son travail, pour porter à Hannah de quoi manger. Tatie lui en est si reconnaissante qu'elle fond en larmes dès qu'elle la voit, et elle bénit « son grand cœur ». Mère dit que c'est son devoir, c'est tout.

Mamie vient à Ahmedabad pour quelques jours – elle ne peut pas laisser Jérousha seule avec les domestiques plus longtemps. Elle compatit aux malheurs de sa belle-fille, et tente de lui faire comprendre le coup de folie de Menahem par les circonstances de sa propre naissance. Son époux, notre grand-père Isaji, était si passionné par le Mahatma Gandhi qu'elle a eu à subir jadis les mêmes calamités que Tatie Hannah aujourd'hui. A cause de son héros, Oncle Shamaji, Isaji a été pris d'une véritable obsession pour l'ashram de Gandhi, près de la rivière Sabarmati. Il s'est mis à tisser et à porter du khadi et refusait la viande pour ne manger que des aliments simples, comme à l'ashram, du lait de chèvre par exemple. Quand Mamie a entamé son huitième mois de grossesse, il est parti vivre à l'ashram, en interdisant qu'on l'y contacte. Ainsi, il n'a même pas su que l'enfant était né – peut-être ne voulait-il pas savoir – et Mamie pensait qu'elle l'avait perdu pour toujours.

Tout comme Tatie Hannah, elle a versé toutes les larmes de son corps. Un jour, alors que bébé Menahem avait déjà trois mois, Grand-père a réapparu subitement et Mamie craignait qu'il ne lui demande l'aumône avant de disparaître à nouveau. Mais il s'est assis sur le sol dans la position du lotus et a regardé l'enfant. Puis il a chanté le bhajan de l'ashram et Mamie, mêlant les rires aux larmes, l'a accusé d'être indifférent à sa douleur. En guise de réponse, il lui a couvert les épaules d'un sari de khadi blanc, qu'il avait tissé de ses propres mains, et ils ont longuement pleuré dans les bras l'un de l'autre.

« Nos hommes sont tous un peu excentriques, mais il ne faut pas s'en faire. Au bout d'un moment, ils deviennent normaux », dit-elle. Isaji a fini par céder aux pressions familiales et réintégrer la maison. Mais il a continué de travailler pour Bapu[1], disparaissant parfois et revenant ensuite. Il voyait d'un mauvais œil qu'un membre de la famille travaille pour les Anglais et c'est là, explique Mamie, une autre raison du malaise que ressentait la famille à l'égard du père de ma mère, Danieldada.

Chaque fois qu'Oncle est atteint par une telle crise d'originalité, tout le monde se tourne vers mon père. Chacun

1. Surnom affectueux du Mahatma Gandhi.

craint que la folie, cette maladie héréditaire tant redoutée par Menahem, ne se soit finalement abattue sur nous.

La petite maison est envahie par une multitude d'objets et de meubles venus de Dilhi Darwaza. Le prophète refuse obstinément d'apparaître et Oncle est aussi déçu qu'embarrassé. Il voudrait bien remettre les compteurs à zéro, mais Tatie s'est juré de ne jamais lui pardonner. Il est si déprimé qu'il est bien difficile de ne pas compatir à son chagrin. Cet épisode lui a coûté la foi et il se sent trahi. Un verre de rhum à la main et une mèche folle lui barrant le front, il déclare d'une voix tragique : « Mon Dieu m'a abandonné[1]. »

Me voilà persuadée que la foudre va s'abattre sur notre maison d'un instant à l'autre et que Tatie Hannah, avec sa curiosité congénitale, se transformera en statue de sel.

Il ne se passe rien du tout.

Père est tout disposé à partager les valeurs, la philosophie ainsi que la bouteille tôt vidée de Menahem, et nous les observons en silence.

Sans Mamie, nous nous sentons perdus à la synagogue. En fait, plus personne ne nous y emmène. Et quand bien même nous y irions encore, nous ne saurions même pas qu'y faire. Nous ignorons si nous gagnons ou bien perdons au change.

Je me retiens de demander à mon oncle pourquoi mon nouveau petit cousin est circoncis. Je crois deviner sa réponse. « C'est pour l'hygiène, pas pour la tradition. Sinon, nous aurions fait une Bar-mitzva pour Samuel », me dirait-il.

Je suppose que certaines choses resteront mystérieuses à jamais. Comme la ménorah graissée dont on ne se sert plus jamais, et la mézouza poussiéreuse que l'on pense rarement ces jours-ci à embrasser en passant la porte. Nous menons des vies séparées, chaque famille dans sa propre maison, et ne dînons ensemble qu'une fois par mois, tantôt chez l'un,

---

1. En référence au premier vers du Psaume XXII. En hébreu : Eli, Eli, lamma sabacth'ani ? (Mon Dieu, mon Dieu, pourquoi m'as-tu abandonné ?)

tantôt chez l'autre. La plupart de nos parents, dont les cousins de Bombay, sont partis en Israël. Nous recevons des cartons d'invitation pour des mariages ou des fiançailles, des faire-part de naissance ou de décès, des cartes de vœux pour le Nouvel An et pour Hannoukah. Et aussi des photos des cousins et cousines, en robe, short, jeans ou uniforme de l'armée, les cheveux coupés ras.

Il ne nous reste que le souvenir de ces mariages où nous pleurions, des bhel puris[1] à Chowpatty, des pomfrets et de Tante Chochana, assise sur un tabouret bas à égorger des poulets selon les règles de la cashrout. Cette branche de la famille n'achetait que de l'agneau casher, le vendredi, à la synagogue, et nous nous sentions des païens, car nous faisions nos courses chez le boucher de Dilhi Darwaza. Tante Chochana était choquée par nos questions confuses : « Pourquoi n'a-t-on pas le droit de manger des poissons sans écailles, ni des chapatis avec du ghee ? »

Les mariages nous font pleurer car, tout au fond de nous, nous savons que nous ne pourrons jamais atteindre la beauté vécue par nos parents. A présent, ils nous dictent nos valeurs, notre philosophie. Alors nous devons rester vierges et ne pas nous retourner de peur de devenir statues de sel. Le chant du marié pour sa promise, le voile blanc retenu par des roses de soie, les filles d'honneur vêtues de courtes robes blanches, la pâleur virginale du sari, des gants et des escarpins, les bracelets, colliers et pendants d'oreilles en or, les alliances échangées, la gorgée de vin bue avec appréhension – le marié arrivera-t-il à briser le verre avec son pied ? – les bénédictions, le repas, les regards qui se croisent. Les rêves des jeunes vierges à la cérémonie du mehendi[2], où la mariée porte un sari et des bracelets verts,

---

1. Sorte d'amuse-gueule.

2. Fête pour les femmes précédant le mariage, où l'on applique des dessins au henné sur les mains. Se pratique également en Afrique du Nord.

couleur de fraîcheur et de fertilité, avant de retourner chez sa mère en compagnie de son époux, pour y trouver la féminité. Tout cela n'est pas pour nous.

Le mariage de la cousine de Pratibha a été très différent. Les mariés ont tourné autour du feu, la pointe du sari de brocart rouge de l'épouse attachée à l'étole de l'époux, leurs mains réunies à l'abri du tissu.

Le couple éternel.

Après la cérémonie, la mariée s'en va dans une mer de larmes, et une fois qu'elle est arrivée dans la maison de son mari, où cinq vierges l'accueillent, elle y restera pour toujours.

Les vierges c'est nous – Pratibha, Vatsala, Mandakini, Kataki et moi.

Une vieille tante proteste : « Mais celle-là n'est pas de chez nous. » Je me sens seule et glacée, mais quelqu'un lui rétorque : « Laisse-la, elle est exactement comme nous. » Cela me donne envie de renier mon nom, ce nom qui me trahit. Je suis ce qu'ils ne sont pas.

Et que suis-je ?

Humaine, me dit mon père.

Bien que nous ayons un physique comparable, Pratibha, comme Subhadra avant elle, ne peut s'empêcher de me demander : « Si tu n'es ni chrétienne, ni parsi, ni musulmane, qu'est-ce que tu es alors ? »

« Nous sommes différents, dit Oncle Menahem. Tu es trop jeune pour comprendre, mais il existe de subtiles différences. »

Mamie me manque. Elle mène une existence par trop paisible avec Tatie Jérousha, qui nous écrit une fois par mois. Mamie y ajoute sa bénédiction et appose une signature hésitante en marathi sous l'empreinte de son pouce. Jérousha lui apprend à lire et à écrire.

Vichwakarma

Nos matinées se suivent et se ressemblent. Elles tournent toutes autour de l'atelier de Père et de la routine quotidienne de Mère.

Mohun, n'arrivant pas à se faire à l'emploi du temps de Mère, l'informe respectueusement qu'il a décidé de partir. Sa famille, c'était Danieldada. Il n'en a pas d'autre et ne se sent pas de lien avec Mère. Si Grand-père nous regarde de là-haut, il sera content de voir que son portrait a trouvé sa place parmi les divinités de Mohun. Il le décore chaque matin d'une guirlande fraîche d'œillets ou de jasmins tressée main. Sans compter qu'il consacre l'une de ses heures matinales, si infiniment précieuses aux yeux de Mère, à prier le père de cette dernière qui, de ce fait, se sent coupable de ne pas honorer sa mémoire comme il se doit.

Mohun a décidé d'acquérir une dhaba, une échoppe, sur la route de Bombay pour y vendre des curries de poulet et des kebabs. Il l'appellera « Danbaba ka dhaba », en l'honneur de Danieldada. Il a mis de l'argent de côté en travaillant chez nous, et il est prêt à tenter une nouvelle expérience.

Son petit restaurant situé le long de la route affichera une grande photo de son saint patron, religieusement entourée de guirlandes de santal et de bâtons d'encens. Mère n'est pas précisément enchantée à l'idée de voir son père juif élevé au rang de divinité populaire hindoue. De plus, elle considère que c'est là une offense faite à la mémoire de feu sa mère.

Quand Mère ne s'y trouve pas, nous tenons des réunions secrètes à la cuisine. J'écoute les projets de Mohun et je l'aide à sélectionner ses meilleures recettes. Je sais bien que je ne verrai jamais son restaurant, sauf si mon père m'y emmène un jour, mais en tout cas je promets de venir le voir dès que je serai « grande ». Cela le touche et il me dit : « Bébé, tu as bon cœur. Tu as le cœur sur la main, exactement comme ton Danieldada. »

Mistry appelle Père « mon Vichwakarma », le dieu des artisans, et cela ne plaît pas à Mère. Les affaires marchent bien et ils vont bientôt s'installer dans un vrai atelier, à Asarwa. Je n'arrête pas de poser des questions et Mère dit que je lui rappelle son père. « Pour trouver des réponses, il faut savoir se taire. »

Pratibha pense qu'il y aurait moins de frictions entre ma mère et moi si je me contentais d'accepter les choses comme elles sont. Jamais elle n'oserait questionner ses parents comme je le fais. Mais il faut dire qu'il y a une grande différence entre nous : quel besoin aurait-elle de poser des questions, puisque pour elle les choses sont claires ? Sa religion, son histoire, sa caste et le code de conduite qu'elle se doit de suivre, tout cela va de soi.

Je trouve qu'un bien étrange silence s'empare progressivement du conseil des anciens. Les bibles se couvrent de poussière et le Shabbat venu, personne n'allume les bougies. Ils ne savent pas répondre à nos questions et nous les mettons mal à l'aise, car nous leur tendons le miroir où se reflète leur ignorance.

Mamie nous a élevés dans l'idée que nous devions poser des questions sur tout ce que nous ne comprenions pas dans notre religion. Petits, Samuel et moi avions surnommé les adultes de la famille « le conseil des anciens » et je me souviens d'un repas de Pessah, il y a longtemps, dans la vieille maison, où j'avais égrené une litanie d'interrogations.

Mais aujourd'hui, les paquets de pain azyme restent fermés et Mère a oublié comment dresser la table en souvenir de la traversée de la mer Rouge. Je me demande si je suis devenue l'enfant méchant, celui qui a oublié Pessah... Je suis la princesse captive de la citadelle et il n'y a guère d'issue. Je suis ma propre prisonnière et on dirait que tout le monde m'a lâchée.

Je ne vois plus mes parents que tôt le matin et tard le soir. Si seulement Mère pouvait être comme Tatie Hannah ! Je voudrais qu'elle cuisine avec Amina, qu'elle feuillette des revues féminines, qu'elle organise des sorties au cinéma et fasse de longues siestes.

J'aimerais qu'elle tombe enceinte, comme ça elle serait obligée de rester à la maison. Et puis ce serait amusant d'avoir un frère ou une sœur pour me tenir compagnie. Pour l'heure, je dois me contenter de Rukmanibaï, notre nouvelle cuisinière, qui m'a l'air plutôt sotte. Comme sa joue gauche est pleine de tabac à chiquer, elle ne peut pas parler. Mère prétend qu'elle est bien plus compétente que Mani ou Mohun et cela me blesse.

Il semble peu probable que Mère me fasse cadeau d'une sœur. Mon père et elle font lit à part et de surcroît, je dors toujours dans la même pièce qu'eux. Quand Grand-père est décédé, j'ai demandé une chambre à moi, mais Mère a estimé que c'était inutile. Mani disait que Mère est comme une sainte déesse, entièrement dévouée à Père, qu'elle est « spirituelle ». Je ne comprends pas. Si Mère est sainte, alors Père l'est aussi. Je n'ai jamais rien vu se passer entre eux, en tout cas pas le genre de choses dont Subhadra était parfois témoin. Les pièces disponibles ont été aménagées pour servir de rangement et de bibliothèque à mon père.

Je m'ennuie à l'école, je me languis à la maison, et je suis désespérément amoureuse de Raphaël, alors j'écris des poèmes remplis de mirages. Le cinéma hindi est mon sauveur et je pleure avec les héroïnes torturées que j'écoute sur Radio-Ceylan. La mère de Raphaël m'effraie avec son rouge à lèvres écarlate, ses saris en mousseline de soie, sa coiffure à la reine Elisabeth, ses chaussures à talons et son énorme sac à main en forme de bateau. C'est une physicienne et son fils est très brillant aussi.

Jamais je ne saurai faire partie de cette famille-là.

Samuel a cessé de se montrer possessif à mon égard. Il lit mes poèmes d'un air sceptique. « Est-ce que tu aimes Elvis? » me demande-t-il. Je suis pétrifiée, car la vérité c'est que je n'aime que les musiques des films hindi. Il trouve que je suis irrécupérable, mais consent néanmoins à un dernier effort : « D'accord, c'est vrai que c'est dur notre famille, avec les ghazals[1], et puis Begum Akhtar, les frères Dagar et Saigal. Mais il faut s'efforcer de dépasser tout cela, comme je le fais avec mon violon. Si tu veux éveiller l'intérêt de Raphi, tu dois t'élever. Essaie de comprendre sa façon de vivre. J'ai déjeuné avec sa famille la semaine passée. En fait, ils sont juste un peu anglicisés, comme l'était notre Danieldada. C'est tout. — Eh bien, dans ce cas, lui dis-je, il n'y a pas de problème. »

Il me regarde d'un air bizarre : « Je crois que tu serais plus à l'aise avec quelqu'un dans mon genre… non? »

Est-il en train de me demander en mariage? Je suis à deux doigts de lui demander s'il pense réellement ce qu'il dit, parce qu'ainsi les choses seraient tellement plus faciles. Mais nous n'avons que quinze ans, et Mère me considère toujours comme une enfant. Pourtant, la plupart de nos oncles et tantes étaient mariés à cet âge-là.

---

1. Musique et chants d'origine persane, nostalgiques, poétiques, évoquant des amours souvent déçus, un peu comme le fado.

Un vent chaud se lève, et des nuages tourbillonnants de poussière brassent les feuilles séchées. Samuel traverse la pièce pour fermer la fenêtre car la poussière nous attaque les yeux et voilà, le sujet est clos. Je suis pareille à ces feuilles mortes, j'atteins parfois le ciel, puis je retombe dans la poussière.

Le prince de Bagdad

Ça y est, nous avons une voiture et aussi le téléphone. Mistry avait recommandé à Père d'acheter l'auto avant Dussera[1] et quand elle est arrivée, il a décoré le capot d'une guirlande d'œillets jaunes et de sindoor. Enfin, il a célébré une pooja sommaire, avec une lampe d'argile posée sur un thali. Il n'a autorisé Père à faire usage de sa nouvelle acquisition qu'une fois ce rituel accompli.

Maintenant, c'est bien plus facile d'aller au cinéma pour y retrouver Samuel et Malka. Ceci dit, les conversations avec ma cousine sont devenues quelque peu rasantes. Elle s'est pliée à son sort et ne pense plus qu'à ses chères études. Elle ne pose plus de questions. A-t-elle des problèmes ? Nous n'en savons rien. Par contre, Samuel et moi, nous discutons beaucoup et Tatie Hannah a peur que nous tombions amoureux, comme Oncle Menahem et elle, jadis. Quant à Mère, elle considère Samuel comme mon frère et elle part donc du principe qu'il ne peut rien se passer entre nous.

1. Fête hindoue qui dure dix jours. On brûle les effigies du roi-démon Ravana et de ses acolytes pour symboliser la victoire du bien sur le mal.

Samuel m'annonce au téléphone que Raphaël va poursuivre ses études à Londres, vu que son père estime qu'il n'a pas d'avenir ici. Je l'écoute sans broncher.

« Tu es toujours là ? » demande-t-il.

Je profère quelques borborygmes puis, sachant qu'il ne peut voir mon visage, je m'enhardis : « Est-ce que…

— Quoi ?

— … Il aime quelqu'un ?

— Oui.

— Comment tu le sais ?

— Il me l'a dit.

— Mais pourquoi tu ne m'en as pas parlé ?

— J'ai oublié. »

Je chuchote : « Quand ?

— La semaine dernière.

— Qu'est-ce qu'il t'a dit ?

— A quel sujet ? »

Ma voix devient à peine audible : « Mais sur moi.

— Ah ça ! Ben, il m'a dit que ma cousine était très belle.

— Moi ? dis-je incrédule, contemplant l'ongle irrégulier de mon gros orteil.

— Oui, toi. »

Je lui demande : « Et ensuite ?

— Il veut te voir.

— Tu sais bien que c'est impossible, Mère me tuerait.

— Il dit qu'il veut passer chez vous pour voir les sculptures de ton père. Histoire d'emporter quelques cadeaux, n'est-ce pas, vu qu'il s'en va à l'étranger.

— Tu vas l'accompagner ?

— Non. Tatie se dirait qu'il y a anguille sous roche. »

Je suis déjà toute à mes rêves d'avenir lorsqu'il m'interrompt : « Tu pourrais quand même me remercier ! »

Je lui présente mes excuses et j'ajoute : « Mais Samuel, c'est sans espoir, puisqu'il s'en va.

— C'est vrai, dit-il, mais si jamais il demandait ta main avant de partir ? »

Puis, avant de raccrocher, il me dispense ce conseil fraternel : « Surtout, il ne faut pas qu'il s'aperçoive que tu n'as même pas entendu parler d'Elvis ! »

Le soir même, Raphaël nous rend visite. Mère m'a ordonné de rester confinée à l'intérieur, alors je l'observe de derrière les rideaux. Mon cœur s'emballe. Comme Krishna, il est venu avec sa flûte. Si seulement nous avions été seuls, il aurait sans doute joué un air pour moi. Nos yeux se croisent, mais Mère m'appelle pour que je vienne à la cuisine surveiller le thé, pendant qu'elle prépare le plateau. Je propose candidement de faire le service mais elle décline mon offre : « Ça ira. Je vais le faire moi-même. Toi, tu renverses toujours tout. Surveille le curry. »

Je l'entends, il parle vraiment comme un adulte. Mais pourquoi ne me réclame-t-il pas, ne dit-il pas : « Oncle, c'est ta fille que je suis venu voir. »

Le rideau nous sépare. Je me dis que c'est comme un mariage hindou, avec l'antarpat[1] tendu entre nous. C'est l'instant qui précède la rencontre des regards. J'éteins la cuisinière. Je m'installe près de la mare et fais semblant de lire.

En partant, il me sourit et je le regarde telle Echo se languissant de Narcisse.

Samuel n'est qu'un menteur.

Je refuse de lui parler au téléphone. Evidemment, il voudrait bien savoir ce qui s'est passé. Chaque fois qu'il appelle, je demande à Mère de lui dire que je ne suis pas là. Du coup, il débarque sur son vélo, le même soir, à une heure tardive. Je suis en train de me laver les dents. Mère est évidemment très étonnée mais ne lui pose aucune question. Il tire rageusement sur ma natte et, les yeux injectés de sang, il me demande d'une voix coléreuse : « Pourquoi tu refuses de me parler ? » Avant même que je puisse lui répondre, le téléphone sonne. J'entends Mère qui tente de calmer Tatie Hannah, au bord de l'apoplexie. Elles décident que Samuel va passer la nuit chez nous et ne rentrera que le

---

1. Tissu que l'on tend entre les mariés.

lendemain matin. Quand Tatie demande à lui parler, il refuse. « Je suis un grand garçon et je fais ce que je veux », déclare-t-il à ma mère. Sans lâcher ma natte, il me gronde : « Arrête donc de rêver. Tu sais que certaines personnes pensent que nous avons du sang noir ? Tu piges, hein ? »

Père, plus au fait des comportements masculins, et plus patient aussi, le fait asseoir dans le salon et lui offre une bière. Mère lui en fait aussitôt le reproche mais Père lui répond sèchement : « Il a bien reçu une goutte d'alcool le jour de sa circoncision, non ? »

Et c'est au tour de Samuel de s'échauffer : « Toutes ces histoires de judaïsme, moi je m'en fiche », dit-il d'un air définitif. Jamais nous ne l'avions vu dans un état pareil. Père entame une tentative d'analyse historique nébuleuse, où il évoque pêle-mêle les rois David et Salomon, ainsi que leurs nombreuses femmes et leur descendance pléthorique. « Le sang, dit-il, ne devient pas plus noir, il devient seulement plus riche. »

Je passe la nuit dans le lit de ma mère et nos jambes s'entremêlent. Samuel couche dans mon lit. Les nuages de mousson s'accumulent par-delà l'horizon et le matin j'entends au loin le chant du koel[1]. Les manguiers bourgeonnent devant la fenêtre.

1. Oiseau dont le chant langoureux annonce la mousson.

L'an prochain à Jérusalem

Aucune issue à l'horizon. Je rêve de Kalki, dernier avatar de Vishnu, qui détruira le mal et arrivera juché sur un cheval. « Comme le Messie, dit Mamie, et les portes s'ouvriront à Yéroushalem. » Mamie prononce toujours Jérusalem avec un « Y ». Ses mains jouent avec mes poignets nus. « Où sont les bracelets ? demande-t-elle. Il faut porter des bracelets, tu sais. »

Tatie Jérousha est revenue à Ahmedabad pour y pratiquer la médecine. Elle a acheté un appartement de l'autre côté de la rivière, à Ambavadi, près de la maison de mon oncle. Mais on ne se réunit plus comme avant. Même si elles vont rarement à la synagogue, les deux femmes ne manquent jamais d'allumer les bougies du Shabbat. Chez nous, même ça, on ne le fait plus.

Mère m'autorise à passer Navarati[1] avec Pratibha et Vatsala. C'est la pleine lune et nous chantons et dansons en

1. La fête de Dussera s'appelle ainsi au Gujarat. Signifie « fête des neufs nuits ». Les femmes y dansent toute la nuit.

balançant de petits récipients percés sur notre tête, qui symbolisent le ciel et le ventre maternel, offrandes à la déesse mère Durga. Les danses Dandya Raas et Garba m'emplissent d'un bonheur incomparable.

Mamie, le visage un peu plus ridé qu'avant, est entourée de sa collection de photos jaunies. Elle est l'unique gardienne de notre histoire, de notre passé. C'est quand la famille d'Israël vient nous rendre visite que je réalise à quel point elle a vieilli.

Nous sommes envahis par des oncles et des tantes qui se répandent comme autant de plantes grimpantes. Matrones obèses aux doubles mentons pesants, venues du pays où coulent le lait et le miel. Des ventres saillants coincés dans des jeans et des jupes, ou des saris de nylon imprimés de gros pétales de géranium. Des cheveux négligemment ramassés en queue de cheval ou en chignon à moitié défait. Elles portent des bracelets et des colliers en or et les hommes sont vêtus de costumes noirs et coiffés de chapeaux ronds. Chargés d'appareils photo et de sacs en bandoulière, ils nous ont ramené des amandes, du scotch et des cubes Maggi casher. « Venez en Israël, disent-ils, c'est merveilleux. Les amandes et les poulets, si bon marché, si délicieux ! »

On nous fait passer des photos en couleurs de nos cousins. L'appât est lancé. Des visages souriants surmontant des silhouettes en short, la voiture familiale, la cuisine, le téléviseur, la machine à laver la vaisselle et le linge et enfin le salon, où trône l'incontournable éléphant de Mysore, juste sous la plaque gravée des fameux vers d'Omar Khayyam : *la miche de pain, le verre de vin et toi... oh Inde ?*

Puis c'est au tour des photos de mariage. Maris et femmes sont presque tous d'origine indienne. La tradition se perpétue – les frères, les sœurs. C'est peut-être pour cela que nous nous engluons dans la fraternité. Samuel dit qu'à nous entendre, on se croirait dans un western avec John Wayne. Les Israéliens font des photos de groupe avec Mamie au centre, puis ils l'embrassent et ils pleurent en se rappelant leurs parents, leurs maisons, et les mariages d'antan. On passe l'éponge sur d'antiques querelles familiales et ils se débarrassent enfin de culpabilités trop longtemps marinées. J'entends toujours le même soupir, « ah, maintenant, je vais enfin pouvoir repartir le cœur léger ». Ils vont faire les touristes et rejoignent en secret les pavés de l'église de la mission, près de la rivière Ellis, pour retrouver les diseuses de bonne aventure de leur jeunesse. Là, ils sortent timidement de leurs sacs à main de vieux horoscopes chiffonnés par les ans, pour tâcher de se libérer des peurs que leur inspire l'avenir.

A peine rentrés d'un périple au Cachemire, ils parlent déjà des voyages qu'ils s'apprêtent à faire, en Europe et en Amérique. Alors parfois, nous nous sentons comme les parents pauvres et nous n'arrivons jamais à savoir s'ils nous plaignent ou s'ils nous envient au fond.

Dès qu'ils sont repartis, Mamie nous saisit par la main, nous regarde droit dans les yeux et s'écrie : « Moi je suis trop vieille, mais vous, vous êtes jeunes. Partez, allez en Israël ! » Père lui décoche un regard courroucé : « Laisse-les tranquilles, Ma. C'est ici que nous allons vivre et mourir. Ici, en Inde. »

Mamie ne répond pas.

Je crois qu'elle est à l'image de nos prières en hébreu, oubliées plus d'une fois, resurgissant pourtant toujours dans nos cœurs.

Tatie Jérousha a changé. Paranoïaque, elle est persuadée qu'on cherche à la voler et que les gens montent des complots visant à la détruire. Elle enferme tout à clé, y compris le sucre, et trois énormes cadenas verrouillent la porte dès qu'elle sort avec Mamie. Et quand elle laisse Mamie toute seule à la maison, elle lui ordonne de fermer les loquets et surtout de n'ouvrir à personne.

Encerclée par toutes ces portes et ces fenêtres closes, Mamie joue avec les fantômes de son passé. La cour ouverte n'est plus qu'un rêve lointain et nous évoquons l'ancienne maison, dans la vieille ville, comme on parlerait d'une grand-mère mise au rancart.

Le dernier des murs qui borde la ville s'est encore affaissé et l'un des minarets branlants a été fermé au public. Tours d'illusions, créant une sensation de mouvement. Mystères de l'univers visible et invisible. Comme les questions de Samuel, comme les miennes. Il n'y a jamais de réponse.

Père, qui fait désormais partie du conseil des anciens, déclare : « La foi, voilà l'unique réponse. »

Mandakini

En janvier, au moment de l'Uttrayan[1], quand le soleil change d'orientation, Manu, un camarade d'école de Samuel, nous invite à jouer aux cerfs-volants sur sa terrasse située dans un pol près de Raipur Darwaza.

Sans Samuel, je n'aurais jamais rencontré Mandakini, la sœur de Manu. Elle fréquente une école gujarati. Elle a le teint foncé, elle est menue et gracieuse et ses grands yeux sont soulignés de khôl. Le point qui orne son front n'est pas rouge mais couleur safran, et je la vois toujours pieds nus, à faire tinter ses bracelets de chevilles, à se mouvoir avec une grâce féline et naturelle. Elle porte tout le temps son uniforme scolaire, une robe blanche, même pendant les vacances. Ses nattes généreuses sont roulées en U autour de ses oreilles et retenues par des rubans de satin rouge. Ça lui fait comme des sabots de Vénus qui fleuriraient au bord de ses sourcils de jais.

1. Solstice de la mi-janvier. Fête des cerfs-volants : leurs fils sont enduits d'un mélange de colle et de verre pilé, et le jeu consiste à couper les fils des autres cerfs-volants.

Mandakini est d'un caractère aimable et franc. Elle se précipite pour nous apporter des gâteaux au sésame et Samuel dit que c'est une fille spontanée. « Tu parles, c'est une vraie *maniben*[1], une fille mal fagotée », raille Malka, puis elle s'en prend à moi : « Fais gaffe, t'es bien partie pour lui ressembler. » Mon visage s'embrase malgré le froid hivernal, et Samuel fait semblant d'être extrêmement occupé à fixer les fils perfides sur les cerfs-volants. La réflexion de Malka est tout à fait typique de l'éducation que nous recevons dans notre école de bonnes sœurs.

L'ambiance lui paraissant suspecte, elle s'en va, à notre grand soulagement, il faut bien l'avouer. Nous retirons aussitôt nos chaussures et laissons libre cours aux cris de joie qui retentissent dès que l'un de nous arrive à sectionner le fil d'un cerf-volant « ennemi ».

Nous sommes souvent invités chez Manu et sa sœur pour des fêtes, mais Samuel évite pourtant de les convier chez lui. C'est qu'il lui serait trop pénible d'exposer une fille qu'il aime bien au regard inquisiteur de Tatie Hannah.

Malka lui a fait des remarques désobligeantes sur les garçons qui tombent amoureux de filles incultes, et depuis ils sont fâchés. Je ne peux pas m'empêcher d'y mettre mon grain de sel : « Alors Mamie, tu veux peut-être qu'on la traite d'inculte aussi, sous prétexte qu'elle ne parle pas l'anglais ? » Comme d'habitude, elle m'envoie un regard méprisant et me reproche de « parler comme ça de Mamie ». En aparté, je dis à Samuel que sa sœur est vraiment snob.

Mandakini est très croyante et cherche à trouver son salut ici-bas. Observant scrupuleusement les préceptes du jaïnisme, elle ne mange plus une fois la nuit tombée, de peur que des insectes ne tombent dans sa nourriture. Elle respecte tout être vivant et fait de son mieux pour « ne nuire à aucune créature, ni par la parole, ni par les actes ou la pensée ». Elle s'efforce d'être bonne et gentille, et pour elle, c'est cela le divin. Tous les soirs, elle s'assied pour prier

1. Terme péjoratif qualifiant les filles du Gujarat. Provinciale, gourde.

en silence. Au grand désarroi de Tatie Hannah, elle arrive à convaincre Samuel que c'est péché de tuer des animaux pour les manger. Il se fait végétarien et Malka me demande s'il accompagne Mandakini au temple pour prier.

Mandakini jeûne souvent, surtout lorsqu'elle a dit quelque chose qu'elle n'aurait pas dû dire. Même en été, quand le soleil nous brûle les yeux, elle jeûne en silence, avalant juste de temps à autre une gorgée d'eau bouillie et rafraîchie, se plongeant dans ses livres religieux et ne prenant qu'un seul repas, en fin d'après-midi. Elle est réputée pour faire des jeûnes de huit jours et sa photo est fréquemment publiée par les journaux du Gujarat. Samuel est émerveillé par sa foi – elle ne pose jamais de questions, se contente simplement de croire – et dit qu'il aimerait bien croire en sa propre religion de cette façon-là. Moi, sa religion me paraît bien plus facile. Son dieu à elle est bien visible, statue de marbre blanc ou de granit noir, et cela aide à le prier.

J'admire Mandakini. Je serais totalement incapable de souffrir pour expier mes fautes et il me semble que Samuel essaie de régler ses propres problèmes spirituels à travers elle. Il éprouve pour elle un sentiment sincère. Il serait même prêt à embrasser sa religion s'il n'avait pas à redouter la rage de l'oncle Menahem. Ce dernier lui rabat constamment le caquet, lui assenant cette phrase définitive : « Tu es trop jeune pour parler religion. » C'est pourtant maintenant que nous aurions le plus besoin de réponses et voilà que, tout à coup, nous n'avons plus le droit de poser de questions.

J'apprends par hasard que Mandakini a été éduquée, dès sa plus tendre enfance, pour devenir nonne. C'est elle-même qui a fait ce choix.

Je me fais du souci pour Samuel. Il n'a pas su lui exprimer ses sentiments. Il se pourrait qu'elle ait compris mais qu'elle se refuse à le montrer, ou à répondre. Rien ne doit la détourner de sa voie : une vie consacrée à son dieu. Son avenir est tout tracé. Elle sera une sadhvi[1] sans attache, qui

1. Sadhvi : nonne. Upashraya : sanctuaire des jaïns.

ira d'un upashraya à l'autre, même en été lorsque les routes goudronnées embraseront la plante de ses pieds nus. Elle survivra en quémandant dans les foyers des fidèles un peu de nourriture, qu'elle absorbera toujours pêle-mêle afin de ne jamais s'attacher à un goût particulier, de ne jamais devenir l'esclave de ses sensations.

Le jour où Mandakini devient sadhvi, Samuel refuse d'assister à la procession. Elle est perchée sur un chariot d'argent tiré par des chevaux blancs. Des musiciens défilent en tête de cortège, parés d'uniformes rouge et or superbes, suivis par les chameaux, les éléphants et les chars à bœufs décorés de peintures florales et de couvertures brodées. C'est la toute dernière fois qu'elle est ainsi couverte d'or et de diamants, habillée comme une mariée, en sari de brocart bleu. En souriant, elle lance des pièces et des fleurs aux mendiants. Mes yeux ne peuvent se détacher de ses cheveux luisants, remontés en un superbe chignon fleuri de roses et de jasmin.

Moi, quand ma mère me coiffe, je hurle pour le moindre nœud. Mandakini, elle, s'apprête à perdre tous ses cheveux, dans un procédé aussi lent que douloureux. Avant de prononcer ses vœux, elle subira un rituel où on lui arrachera chaque cheveu, un à un.

Je me demande si Mandakini a un jour rêvé de mariage. L'habit aurait été le même, mais il y aurait eu un homme à ses côtés. Samuel par exemple, chevauchant une monture blanche, vêtu d'un kurta churidar[1] de soie et d'un turban argenté. Mais Samuel n'aurait guère osé rêver à de pareilles chimères : la famille l'aurait déshérité sur-le-champ.

Je me dis qu'après tout, la vie d'une religieuse doit quand même être préférable à celle de la mendiante de Dariapur, que je retrouve dans la procession. Moi j'ai grandi, elle, semble sans âge, affalée au bord de la route, ses mains tendues sortant des plis de son sari. Elle ne bouge que l'espace

1. Costume du nord de l'Inde constitué d'un pantalon et d'une tunique.

d'une seconde, pour ramasser une pièce que Mandakini a lancée dans sa direction. Tout comme le pol de Banyanbaba, la vieille ville semble immuable.

Tandis que le cortège traverse Dilhi Darwaza et se dirige vers les temples de la route de Shahibagh, je cherche Mani près de son magasin de bidis préféré.

Moi seule sait ce qui arrive à Samuel. Il fait des cauchemars. Il devient somnambule et tente de sauter par la fenêtre pour rattraper les cerfs-volants qu'il faisait virevolter avec Mandakini. Tatie Hannah passe ses nuit à son chevet, en larmes, le berçant et rafraîchissant son front brûlant à l'aide de linges imbibés d'eau de Cologne. Oncle Menahem le regarde comme s'il avait tout compris, mais il ne souffle mot. Il dit à sa femme ce qu'elle veut bien entendre : que c'est le loo, le vent d'été torride, qui s'est infiltré dans la tête de leur fils. Il prépare une mixture à base de mangues vertes bouillies, de sel et de sucre, mais Samuel ne cesse de délirer et refuse obstinément de guérir. Il me paraît extraordinaire qu'il puisse parler de cerfs-volants dans son sommeil, sans que jamais le nom de Mandakini ne lui échappe.

Jhulta minara

Malka est en première année de psychologie. A en croire son diagnostic, depuis la naissance du petit Benjamin, Samuel ne reçoit plus toute l'attention qu'il désire. Alors il est malade, c'est sa façon d'en obtenir.

Benjibaba qui grandit tout seul dans un petit appartement encombré, ne saura probablement jamais ce que ça fait de vivre au sein d'une famille élargie, dans une vaste maison grouillante de vie. Il sait confusément qu'il est juif parce qu'il est circoncis. Plus tard, il se pourrait qu'il cherche à savoir qui il est et d'où il vient. Il voudra peut-être comprendre le sens d'une vie solitaire, menée auprès de parents vieillissants, dans un pays régi par tant de castes. Il n'aura probablement jamais de réponses, ne posera peut-être même pas de questions, car il y aura une montagne de différences entre lui et nous. Il me fait de la peine, si petit, si seul. Qui pourrait jalouser ce petit homme, avec ses grosses joues et son sourire si désarmant? J'aurais tellement aimé avoir un petit frère comme lui…

Mamie essaie de suggérer à Mère qu'elle pourrait encore avoir un autre enfant, mais celle-ci se contente de rougir et refuse d'aborder le sujet. Mamie lui dit : « Il n'y a pas de honte à tomber enceinte. Dans notre famille, les femmes ont toujours fait plus de dix enfants. Tiens, la femme de mon frère Gérard a accouché le même jour et au même moment que notre mère. Evidemment, tous les enfants ne survivent pas et il y a pas mal de fausses couches, mais bon... C'est important pour préserver notre judaïsme. Comment aurions-nous pu survivre autrement ? » Et elle poursuit : « D'ailleurs, les autres font pareil. La mère de Subhadra a bien eu un autre enfant après le décès de sa fille, et elle pense même que c'est sa réincarnation. Regarde Bilkisbibi, elle passe son temps à la maternité, elle fait concurrence à ses filles. »

Mère caresse mes cheveux d'un geste tendre et dit qu'elle ne partage pas ces idées. Elle trouve déjà assez difficile d'élever un enfant, alors dix, tu penses !

Mamie la regarde avec suspicion et clôt le débat de cette phrase assassine : « Evidemment, toi tu es moderne en quelque sorte, toujours un peu différente de nous autres, n'est-ce pas ? »

Quand je lui rends visite en compagnie de Pratibha et Vatsala, Samuel guérit d'un coup, comme par enchantement. Inconstant, comme l'est la gent masculine, le voilà qui s'intéresse à Vatsala. Est-ce que, à l'heure qu'il est, mon Krishna bagdadi cherche lui aussi à envoûter quelque gopi crédule, par-delà les sept mers ?

Pour moi, les temps sont durs.

Samuel a terminé l'école et veut à tout prix étudier à l'université de Bombay. On réunit le conseil des anciens et Tatie Jérousha le soutient. Oncle Menahem accepte, à contrecœur, mais Tatie Hannah pleure pendant trois jours, jusqu'à ce que son fils consente à lui écrire tous les jours et promette de se tenir à distance des filles des autres communautés. Il logera dans un foyer d'étudiants et je sais que nous ne le reverrons jamais. Et quand bien même, nous serions probablement comme des étrangers.

Sans Samuel, je me sens complètement perdue. Il ne me reste que son violon. Je n'existe même plus pour lui. Il n'est plus là pour se montrer protecteur, possessif ou jaloux à mon encontre. La lettre hebdomadaire qu'il adresse à sa mère se termine par un baiser implicite pour moi, enfoui dans le « embrasse la famille » général. Je pleure son absence. Nous étions comme les minarets vacillants[1]. Nos émotions étaient reliées par des veines de sang, coulant de l'un à l'autre.

Avant son départ pour Bombay, nous sommes allés ensemble à la mosquée Sidi Bashir. Les minarets se sont animés, l'espace d'un instant, avant de se mourir doucement.

Chaque fois que quelqu'un part, quelque chose se brise en moi. C'était pareil pour la maison de Dilhi Darwaza, pour Subhadra, mon petit Hanuman, pour Danieldada et Mani. Et maintenant est arrivé le tour de Samuel.

1. Voir le titre du chapitre : Jhulta minara signifie « les minarets vacillants », de la mosquée Sidi Bashir à Ahmedabad. Quand on secoue l'un des minarets, l'autre se met à vibrer. Phénomène jamais élucidé.

La première des vieilles filles

J'ai besoin de Mamie, mais il m'est impossible de la voir tous les jours. Nous lui rendons visite en famille une fois par mois. Parfois tous réunis, parfois par petits groupes. Chaque fois que je la vois, je la trouve plus vieillie, plus courbée que la fois d'avant. La démarche plus lente, les rides plus creusées, la peau si frêle, si fine qu'on dirait de la soie froissée. Mais elle n'oublie jamais de nous faire embrasser la mézouza quand nous arrivons chez elle. Dans nos maisons à nous, le signe est oublié qui nous protège des oiseaux de la nuit.

Au fil du temps, elle quitte de moins en moins son lit. Quand nous sommes près d'elle, elle demande ses lunettes d'une voix chevrotante, puis, d'une main tremblante, sort de vieilles photos qu'elle cache sous son oreiller. Ensuite, elle nous parle de ses frères et sœurs et de leurs fils et filles, qui sont morts ou bien partis en Israël, et elle se plaint de ne plus les voir. Elle pense qu'ils mènent une vie de juifs honorables alors que nous, nous n'aurions guère le sens de la religion. Elle nous demande de partir pour la Terre Promise et d'emmener Tatie Jérousha avec nous. Elle se fait beaucoup de souci pour elle. Père et Oncle Menahem lui promettent de s'en occuper, alors qu'ils savent pertinemment qu'il leur sera impossible de vivre avec elle. Mamie espère que Jérousha trouvera un bon mari en Israël, et nous ne pouvons pas nous retenir de rire en douce.

Tatie Jérousha s'énerve, alors Mamie s'empresse de changer de sujet et interroge mon père sur ses affaires. Je suis navrée de la tension palpable entre elles. Mais n'était-ce pas inéluctable ? La canne vivante, sur laquelle Grand-mère comptait s'appuyer, s'est-elle hérissée d'épines ? Ou est-ce Mamie qui se rebiffe dans son grand âge ? Jérousha est de plus en plus excentrique. Son chignon français commence à prendre l'aspect d'un vieux nid délaissé qui lui sert à dissimuler une calvitie naissante.

Mamie sait bien qu'elle n'a plus sa place chez Menahem ou Josué. Mère dit qu'elle va sur ses quatre-vingt-dix ans et qu'elle pourrait bien devenir centenaire, vu que son esprit s'est assigné la tâche de protéger Tatie Jérousha de toute la méchanceté du monde.

Mais pourquoi faut-il donc que ma Mamie si douce, si affectueuse, se mette à boire ? Soir après soir, elle se noie dans le flot de ses souvenirs. Alors ses yeux se mettent à briller et son humeur change. Les rires virent aux larmes. Mère peut toujours raconter ce qu'elle veut, moi je sais bien que Mamie n'est pas une briseuse de ménages, qu'elle est bien au contraire le lien qui nous unit. La famille fait en sorte que personne ne la voie dans cet état, et Mère condamne la petite faiblesse de Mamie d'un mot si méprisant – alcoolisme.

Le sujet est tabou. Mais la question demeure : pourquoi, pourquoi Mamie boit-elle ? Que veut-elle oublier, de quoi veut-elle se souvenir ?

Est-ce la mort, est-ce la vie ?

Le soir, l'agitation la gagne, jusqu'à ce qu'elle se verse du whisky, s'enivre, puis s'assoupisse dans le fauteuil en osier. Ensuite, l'un de nous la met au lit.

Mamie s'est enfermée chez sa fille et le whisky est leur seule consolation. Comme Mani autrefois, elle pousse parfois un soupir et déclare que c'est bien difficile d'être une femme. Les femmes sont prisonnières, des lois, des traditions, des apparences. On ne peut pas, tout à la fois, étouffer ses désirs et vivre. L'oubli demeure l'unique issue.

Mamie veut-elle enfin être elle-même ? Cherche-t-elle à oublier qu'elle n'était qu'une jeune fille de treize ans quand on l'a mariée ? Qu'elle a grandi dans la maison de son mari en se languissant de sa mère ? A-t-elle alors souhaité sortir de la cour fermée et entrer dans le monde du dehors ? Mais qui le lui aurait permis ? N'était-elle pas une côte de son mari ?

Puis, dans cette cour fermée, à l'abri de toute influence externe, son judaïsme a connu une croissance tranquille. Elle a donné le jour à des garçons qui ont été circoncis, et à des filles à qui elle a appris à se conduire en bonnes juives. Il y a eu des jours pleins de tristesse, quand il fallait dire le Kaddish pour un enfant mort. Combien d'enfants a-t-elle eus et que sont-ils tous devenus ?

Nous l'ignorons. Mais en tout cas, c'est sur elle seule que reposait le poids d'un foyer juif. C'est elle encore que l'on tenait pour responsable des errements des enfants. Jusqu'à ce que Grand-père meure d'une crise cardiaque et la laisse aux bons soins de Jérousha, que Grand-mère semblait avoir mise à l'abri d'un destin comparable au sien. Elle ne dira jamais si cela lui paraissait injuste. Se murant en elle-même, elle a trouvé une échappatoire.

En quittant la maison des deux femmes, Mère me serre contre elle et me demande tout bas : « T'occuperas-tu de moi quand je serai vieille ?

— Bien sûr », dis-je d'un ton rassurant, mais je suis terrifiée à l'idée de vivre comme Tatie Jérousha.

J'envie les garçons qui ont le droit de fuir. De toute façon, rien n'aurait pu les retenir. Mais quand une fille ne trouve pas chaussure à son pied, elle n'a guère d'autre choix que de sacrifier sa vie à ses parents. C'est pour son bien, à ce qu'il paraît, pour éviter qu'elle ne soit polluée par le sexe.

Je crois bien que de temps en temps, nos parents tentent mollement de nous marier, ne serait-ce que pour se donner bonne conscience. On propose à Malka les partis les plus invraisemblables, en sachant pertinemment qu'elle ne peut que les rejeter. Et si d'aventure un candidat semble acceptable, on se garde bien de le lui présenter. Chaque fois qu'elle refuse une demande en mariage, Oncle Menahem paraît soulagé de la savoir libre. Libre de s'occuper d'eux.

Ma vie est partie pour ressembler à celle de Tatie Jérousha. Je dois absolument parler de ce problème, mais je ne peux le faire ni avec elle, ni avec Malka. Elles ne dévoilent jamais leurs pensées intimes. Je pourrais éventuellement en parler à Père, mais je crois deviner sa réponse. Il dira que je dois me soumettre aux consignes de ma mère, gardienne de ma vertu. Et voilà qu'on s'en prend à la balancelle. Mère la trouve démodée. Elle voudrait la jeter pour transformer la véranda ouverte en salon dernier-cri, avec des portes-fenêtres. Vu que je ne suis guère censée avoir une opinion, je ne peux pas leur dire qu'il serait désastreux de changer quoi que ce soit dans la maison.

Il n'y a que moi qui me sers de la balancelle, alors j'y empile mes livres. Ça me fait comme une bibliothèque privée, imprégnée des senteurs de la vieille maison et des souvenirs de Dada. Je parcours parfois quelques pages, mais la plupart du temps, je passe les chauds après-midi à somnoler sur la balancelle, bercée par le parfum de mes vieux livres.

Mère veut se débarrasser de tout ce bazar et elle dit : « Arrête de frimer avec tes livres, on sait pertinemment que tu ne lis que des revues de cinéma. »

Je ravale ma peine. Les quelques ouvrages rescapés de la bibliothèque de l'oncle Menahem sont tout ce qui me reste de la maison de Dilhi Darwaza. Quand ils ont déménagé, Oncle a dû choisir entre les livres et l'harmonium. Faute de place, il n'a pu conserver qu'un petit nombre de ses œuvres favorites, dans un carton relégué sur la mezzanine, et il a destiné le reste à son ancienne école. C'est la seule fois que j'ai vu des larmes perler dans ses yeux. Puis il m'a autorisée à prendre tous les livres que je voulais, ce qui n'a pas manqué d'agacer Tatie Hannah. J'en ai choisi quelques-uns, en fonction de leur apparence, de leur toucher, de leur odeur.

Tout à coup me revient l'histoire que Mamie racontait à propos des chemins de fer d'Ahmedabad. Qu'on avait abattu des murs et des portes de la ville pour tracer la voie ferrée et de nouvelles routes, afin de relier notre cité séculaire à Bombay.

La ville s'est ouverte, mais une ville sans murs recèle ses dangers propres. « A quoi peuvent bien servir les portes, s'il n'y a pas de murs ? » demande-t-elle toujours. Pour moi, ses questions sont autant de devinettes obscures.

Un sentiment de danger et d'insécurité me gagne. Je voudrais m'accrocher à la balancelle, mais je suis impuissante. Un soir, je rentre de l'école et elle est partie, et mes amis les paons et les perroquets avec elle. J'enfouis leur image tout au fond de moi, avec mes souvenirs de Danieldada. Après tout, ce n'était jamais qu'une vieille balancelle de rien du tout. Je n'ose pas manifester ma contrariété devant Mère, mais jamais plus je ne toucherai aux livres qu'elle a très soigneusement disposés dans le salon. J'ai envie de hurler, mais je réponds à son regard interrogateur par un sourire, et je la remercie : « Ils sont bien dans la nouvelle bibliothèque. »

J'imagine qu'on doit laisser derrière soi tout ce qui est vieux et aller de l'avant. Je suppose néanmoins que cela ne s'applique qu'aux objets, et pas aux gens.

Je suis comme ce roi qui voulut construire le sanctuaire central de la vieille ville, contre l'avis de Manekbaba, le vieux sage qui confectionnait des courtepointes. A mesure que ce dernier défaisait les points de sa couverture, tout ce qui avait été construit le jour s'écroulait dès le coucher du soleil. Moi, mon problème, c'est que je n'arrive pas à trouver le Manekbaba qui aurait le pouvoir de dissiper le mauvais sort. Mon univers se calque sur ce conte : tout ce que j'essaie de créer le jour, s'effondre la nuit venue.

Joute épistolaire

Tatie Sinora, la sœur de ma mère, débarque de Bombay dans ma vie au moment même où nous traversons une grosse « crise d'habillement ». Elle met aussitôt Mère en porte-à-faux en critiquant les vêtements que je porte et insiste pour m'acheter des robes « convenables », terme qui atteint Mère comme une flèche empoisonnée. Elles se perdent en discussions secrètes, pour savoir si oui ou non je devrais avoir le droit de m'épiler les jambes et les aisselles. Les mots épars que je glane ici et là me vont droit au cœur. Enfin, je pourrai m'habiller comme les autres filles de mon âge! Hélas, Mère reste intransigeante et Tatie Sinora rend les armes. Elle signe l'armistice de cette formule inéluctable : « C'est ta fille, fais comme tu veux. »

Quant à James, son fils, il me suggère la rébellion : « C'est ta vie après tout », dit-il, laconique.

Je ne peux pas blesser ma mère. Elle m'aime, et Père dit que tout ce qu'elle fait, c'est pour mon bien.

A la fin de son séjour, Tatie Sinora m'offre un salwar kameez lucknowi[1] rose avec son odhni[2] assortie. « C'est quand même nettement mieux que ce qu'elle porte d'habitude, et puis il faudrait faire quelque chose pour ses cheveux », dit-elle avant de partir. Si elle était restée plus longtemps, elles auraient fini par se crêper le chignon à cause de moi.

Les secrets de la vie de Sinora, que Danieldada avait remisés dans un sac en plastique au fond d'un placard, refont surface. Elle est heureuse de la vie qu'elle s'est choisie, mais elle est triste aussi de ce que son père n'ait jamais accepté son mariage. C'est ce même sentiment que trahissaient les larmes de Tatie Julekha, versées sur la tombe de son père.

Je me résigne à mettre au rancart le bel habit rose, qui rejoint les bracelets de chevilles de Danieldada, ainsi qu'un autre salwar kameez brodé d'or, bleu vif avec une dupatta[3] à paillettes, offert par Tatie Julekha et que Mère avait jugé « trop cinoche ».

La visite de Julekha avait remué d'autres émotions que celle de Sinora. Elle était venue en avion de Delhi pour rendre visite à Mère, avant de se rendre à Bombay. Elle portait le sari et avait une bonne connaissance des traditions musulmanes, ce qui impressionna grandement ma mère. Mais une fois par an, pour l'anniversaire du décès de leur mère, elle priait à la synagogue.

Elle avait épousé Oncle Iqbal alors qu'elle était encore à l'école et s'était convertie à l'islam. « Je l'ai fait pour mes beaux-parents, dit-elle, et peu m'importe que l'on m'appelle Julie ou Julekha. Ce qui compte vraiment, c'est d'être moi-même. Je ne suis ni juive, ni musulmane, je suis un être humain, tout simplement. » Là, elle a touché une corde sensible chez Père qui ne peut s'empêcher de lui demander :

---

1. Vêtement constitué d'un pantalon flottant et d'une tunique, originaire de Lucknow (Lakhnau, capitale de l'Uttar Pradesh, nord de l'Inde).

2. Etole fine (coton ou voile) que l'on drape sur la poitrine.

3. Comme l'odhni. Sert également à se couvrir la tête.

« Mais à ta mort, que se passera-t-il ? Parce qu'en ce qui me concerne, je pense que je mourrai juif. »

Elle n'a pas eu de réponse à cela.

Derrière son visage, je décelais un passé terrible, des conflits bien pires que les miens. A l'instar de Jacob et de l'ange, Julie et Julekha se battront toujours dans le corps de Tatie, la torturant avec cette question lancinante : « Quel est ton nom ? »

Pour une fois que Mère tente de mettre un peu d'ordre dans ses relations avec ses sœurs, voilà que les ennuis surviennent du côté de la famille de Père. Les sœurs non juives de Mère dérangent Tatie Hannah, qui craint que ces influences exogènes ne viennent polluer sa propre famille. Mère et elle ne se parlent plus. Puis, au bout d'une semaine tendue, elles commencent à échanger des lettres par l'entremise de leurs cuisinières. Celles-ci attendent patiemment, assises par terre, buvant du thé et grignotant des biscuits salés, jusqu'à ce que les réponses soient rédigées et les malentendus dissipés.

Les deux femmes n'en sont pas à leur coup d'essai. La première de ces joutes épistolaires eut lieu lorsque Tatie Hannah déclara que Mère ne devait pas appeler Père par son prénom. Elle-même, tout comme Mamie, ne désigne jamais son mari par son nom, mais l'évoque en disant « le père de Samuel » ou l'interpelle simplement par un « Hé! ».

Mère lui avait alors adressé une explication écrite : « Josué est mon égal. Je ne suis pas son esclave et il n'est pas mon maître, c'est pourquoi rien ne peut m'empêcher de l'appeler par son nom. »

Offusquée, sa belle-sœur lui avait alors demandé, par retour de courrier, si elle sous-entendait par là que elle, Hannah, était l'esclave de son mari.

Mère répondit : « Peut-être pas. Mais il est temps que nous apprenions à nous considérer comme les égales des hommes, au lieu de faire des différences entre eux et nous. »

Tatie Hannah, légèrement apaisée, lui répliqua : « Pourtant, on nous a toujours enseigné que si nous appelions le père de nos enfants par son nom, un malheur s'abattrait sur lui. »

Et Mère de répondre : « Ces règles ont été faites par des hommes, pour garder les femmes sous leur contrôle. Si tu appelles Menahem par son nom, il ne se passera rien. Regarde-nous, on va bien. »

Tatie était convaincue, mais ne dérogea toutefois jamais à ses règles.

Quant à ses sœurs, Mère a écrit : « Je sais que cette comparaison ne va pas te plaire, mais cela me fait penser à la parabole du fils prodigue. Doit-on fermer la porte au nez de ceux qui veulent revenir à la maison ? »

Tatie Hannah a demandé en retour : « Veulent-elles vraiment revenir ? »

Et la réponse de Mère : « Et qu'est-ce que j'étais censée faire ? »

Pour finir, Oncle Menahem s'en est mêlé et a gribouillé ces quelques mots au bas de la longue missive de son épouse : « Parce que nous sommes une communauté si petite, nous devons être solidaires et accueillir à bras ouverts ceux qui se sont écartés de notre chemin, afin qu'ils puissent demeurer une partie de nous. »

Mamie improvise un dîner de réconciliation et les deux femmes pleurent dans les bras l'une de l'autre.

Mamie délivre une leçon magistrale : « Si la mère est juive, tout va bien, puisque les enfants seront automatiquement juifs. Le problème, c'est plutôt les garçons. Nous devons faire des concessions, sinon notre petite communauté disparaîtra. » Elle regarde Oncle Menahem et dit : « Mais toi, tu n'es pas pour les mariages entre cousins, n'est-ce pas ? »

Menahem n'a aucune envie de reprendre ce débat pour la énième fois.

Plus tard, dans la cuisine, Tatie Hannah confie à Mère qu'elle est inquiète pour Samuel. Ses lettres ne sont pas bien longues. Il lui arrive d'ailleurs de ne pas écrire du tout et, malgré tous les efforts qu'il déploie, Oncle ne parvient pas à le convaincre de rentrer à Ahmedabad. Mère demande d'un air suspicieux s'il y a une fille derrière tout ça.

« Non, dit Hannah, c'est Samuel lui-même qui est en cause. Toujours à poser des questions, et puis cette Mandakini, cette horrible fille ! Moi, je crois qu'elle a mis quelque chose dans la nourriture qu'il mangeait chez elle et maintenant son esprit est dérangé. Souviens-toi, quand il a cessé de manger de la viande, j'ai bien cru qu'il allait se convertir. »

Chez Tatie Jérousha, je rougis de honte chaque fois qu'il me faut attendre qu'elle ouvre le placard où elle enferme les assiettes. Elle m'explique qu'elle ne peut faire confiance à personne, pas même à Mamie qui « distribue des choses aux domestiques dès que j'ai le dos tourné ». Elle me regarde au fond des yeux et déclare : « Les temps sont durs. » J'imagine qu'elle se sent écrasée par les devoirs qui pèsent sur elle : Mamie, l'appartement, la clinique et surtout son rôle d'unique source financière. Déjà qu'elle avait enseveli son corps sous une pierre tombale nommée « responsabilité », voilà qu'elle se retrouve en plus sans le moindre soutien moral.

J'avoue à Malka que je ne voudrais surtout pas connaître le sort de Jérousha et elle me dit tout bas : « Il y a un moyen d'y échapper. Si tu te trouves un homme comme Oncle ou Père… » Elle a sans doute raison. « La plupart des hommes s'en vont en Israël, poursuit-elle, et ceux qui restent ici ne sont pas assez bien pour nous, ou pour notre famille. Du reste, ils n'iront pas crier sur les toits de Bombay que nous sommes là, à attendre deux beaux garçons de la lignée de Juda Ben Hur. Du genre : *Cherchons fiancés intelligents, diplômés et policés "façon Dilhi Darwaza", pour deux vierges vertueuses d'Ahmedabad City, Etat du Gujarat, parlant trois langues mais pas le marathi !* Sans oublier que par rapport aux gens de Bombay, nous on est des provinciaux. L'affaire est entendue. Moi, je te conseille de laisser tomber, contente-toi d'étudier et d'apprendre un métier solide. Tu vois, Tatie Jérousha au moins elle se débrouille sans homme. Le travail, voilà notre seule bouée de sauvetage. » Quand Malka se met à parler comme ça, on dirait le conseil des anciens à elle toute seule.

La famille de l'oncle Gérard a de nouveau demandé sa main. Joël se débrouille bien en Israël, et le conseil ne trouve rien à y redire, pourtant Malka hésite.

« Joël est un niais », dit-elle et aussitôt Tatie Hannah la soupçonne de s'être amourachée de quelqu'un d'autre, un camarade d'école peut-être.

Je m'efforce d'étudier mais j'ai du mal à me concentrer. C'est ma dernière année et tout le monde est inquiet. Ils pensent que je vais rater les examens. Mère a honte de moi et me fait constamment le même reproche : « Tu n'arriveras jamais à rien. »

Mon repos

Les processions déclenchent des émeutes. Papier argent et drapeaux dorés se déploient en démonstrations de force. Les armes et l'autoflagellation ont des accents de violence.

Que quelqu'un jette une petite pierre depuis le toit d'un pol et aussitôt la colère se répand comme un feu de brousse. Les esprits s'enflamment pour un rien. Il n'y a plus de place pour les lucioles quand des milliers d'yeux montent la garde dans la nuit noire et que des hommes patrouillent dans les rues armés de faux, de gourdins et d'épées en criant vengeance. Père dit : « Les temps sont durs. A Manekchowk, il te suffit de frôler quelqu'un et hop, tu saignes à la taille. »

Goutte après goutte, le sang remplit un étang de venin. Va-t-il se dessécher ou tuera-t-il l'arbre de vie, qui étendait jadis ses branches par-dessus les pols ? Les artères de fraternité sont tranchées à la hache et les couteaux sont frappés du sceau des dieux. Je n'ai même pas trouvé mon Dieu à moi, et je commence à croire qu'ils sont tous pareils, un même karma ou kismat, un même destin, un même créateur, désignés simplement par des noms différents. Tout cela trouble la foi qu'avait mon père en l'être humain et, par ricochet, me bouleverse encore un peu plus. Si de pareilles choses peuvent se produire, Dieu peut-il exister ?

Père ressort son fusil à air comprimé – jusque-là, il s'en servait seulement pour chasser les entelles qui venaient parfois ravager le jardin – et passe ses nuits à patrouiller dans les rues avec d'autres hommes du voisinage.

Ce sont des jours sombres. Les fourmis noires sont partout, mais pas les petites – celles qui apportent la prospérité –, hélas. Celles-ci sont bien plus grandes et quand elles vous mordent, leurs mandibules crochues restent enfoncées dans la chair. Voilà des mois qu'elles ont élu domicile sous notre maison, à notre insu. Encore que par moments on les voyait déambuler en rangs serrés, attirées par le cadavre d'un insecte. Dès les premières moussons, elles débordent et se répandent dans la maison, formant au sol un tapis mou, noir et grouillant. Mistry les arrose de kérosène car, selon lui, elles sont porteuses de malheur. Mère pique une crise d'hystérie lorsque l'une d'elles escalade sa cuisse.

Cette même année, deux hommes en qui mon père avait une confiance aveugle, Sulemanbhai et Hasmukh Mistry, sont victimes d'une émeute. Père fait une dépression nerveuse. L'un a été pourchassé puis poignardé dans la rue, et l'autre brûlé vif. Après leurs funérailles, Père arpente la maison de long en large et sa figure est marquée d'un air perdu et impuissant.

« La consolation se présente sous des aspect multiples », dit Tatie Jérousha, et elle ajoute : « Le Seigneur a donné, le Seigneur a repris. »

Mohun nous a envoyé une carte pour dire qu'il allait bien, grâce aux « bénédictions de Danbaba » et Mani, qui sait se servir des cabines téléphoniques, appelle pour nous rassurer sur son sort.

Un beau jour, Père émerge de sa douleur et décide de former Surya, le jeune fils de Mistry, pour qu'il reprenne la place laissée vacante par son père. Puis il achète deux épagneuls et se remet à jouer du dilruba, instrument qu'il avait abandonné depuis son mariage. Les chiens le rassurent et la musique l'apaise.

Je suis triste de quitter la vieille ville. Nous avons décidé de nous rapprocher de Mamie et emménageons dans une nouvelle maison à Navrangpura, sur l'autre rive. Nous avons réuni deux bâtisses en une seule, et dans la cour s'élève un appentis pour la famille de Mistry. La maison a un toit en pente, couvert de tuiles. La véranda de devant croule sous les sculptures en bois et les meubles, et les portes et fenêtres sont décorées de grilles ouvragées. Il y a une pelouse bordée de buissons de henné. Mani s'enduisait toujours les pieds avec une pâte à base de henné, pour soulager ses talons craquelés.

Se faire des amis ici, ça ne sera pas facile. Nous vivons retranchés derrière des murs et sur la porte, se trouve cet écriteau : « Attention aux chiens ».

En fait, cette maison ressemble à une cage, mais Père dit que par les temps qui courent, nous devons faire le maximum pour assurer notre sécurité.

Chez Danieldada, c'était plus petit qu'à Dilhi Darwaza, mais il y avait quand même plus d'espaces ouverts que dans notre nouvelle maison, que Père a baptisée « Mon repos[1] ».

A Shahibagh, il y avait quatre pièces en enfilade et quand j'étais plus jeune, il arrivait que Mère m'y pourchasse, une règle à la main. Moi je courais en rond, d'une pièce à l'autre, pour échapper à sa punition. Les portes donnaient sur la véranda avec la balancelle, et l'air embaumait le parfum puissant des raat ki rani, reines de la nuit. Le jardin était clôturé par une haie de bambous tressés. En été, nous dormions près de l'étang où j'avais enterré mon petit Hanuman, protégés par des moustiquaires. Ça, c'était avant que le kesuda ne cesse de fleurir et que Mère ne vende la balancelle.

1. En français dans le texte.

La maison de Navrangpura est différente. Il y a un portail de fer forgé et une sonnette, mais la plupart des gens préfèrent secouer le heurtoir en fer, comme ils le faisaient à Dilhi Darwaza. Un sentier dallé traverse la pelouse jusqu'à une véranda fermée, transformée en salon. C'est là que Père expose les calligraphies de ses poèmes favoris d'Omar Khayyam, ainsi que diverses peintures et sculptures.

Un escalier mène à une pièce encombrée de meubles invendus et de bric-à-brac ramenés de l'autre maison. Durant les nuits les plus chaudes de l'été, nous dormons sur la terrasse. Curieusement, hormis l'acacia sous lequel Père a installé la niche de Lassie et Léo, rien ne semble vouloir pousser ici.

Seules les visites des entelles, des écureuils et des paons viennent rompre le silence.

Mani est revenue. Son mari a succombé à une crise cardiaque quand on a brûlé leur maison et elle ne savait pas où aller. La voilà sans toit, comme la mendiante de Dariapur qu'on ne voit plus. Mani n'est plus la même, mais c'est si bon de l'avoir à nouveau auprès de moi ! Son silence renferme tant d'histoires ! Physiquement, elle est exactement comme avant son second mariage. La couleur de son sari est toujours aussi indéfinissable, et elle disparaît toujours dans ses replis quand elle s'assoit enfin, après une longue journée de dur labeur.

Puis je la perds une nouvelle fois. Mère a décidé de l'installer chez Tatie Jérousha, qui a fait fuir sa douzième bonne en l'accusant de vol. Mère estime qu'il vaut mieux qu'elle vive avec Tatie qui la connaît bien, dans sa maison-forteresse. Je ne peux rien y faire. Je suppose que notre vieille Mani faisait tache dans le nouveau décor de Mère. Elle nous quitte avec un salaam muet, sans le moindre battement de cil.

Torrent de larmes

Mère croit dur comme fer que je vais rater mes examens. Jusqu'à la parution des résultats dans le journal local, tout le monde est à cran. Et puis ça y est, j'ai réussi, mais contrairement à Tatie Jérousha qui se trouvait toujours en tête de classement, je me situe dans les derniers.

En attendant, l'honneur de la famille est sauf.

A l'université, je m'intéresse au sanskrit. J'aime lire les épopées et Kalidasa. J'aime moins Kama avec ses flèches, car je redoute qu'il ne se mette entre mes parents et moi. Mes professeurs sont surpris par l'intérêt que je porte à cette langue ancienne. Visiblement, l'idée qu'une personne affublée d'un nom aussi clairement biblique que le mien puisse réciter des slokas à la perfection leur plaît assez. Je prends de l'assurance et Mère, malgré la satisfaction que lui procurent mes succès universitaires, s'oppose à ma décision de ne plus consommer de viande. Je refuse désormais de l'aider à plumer les poulets et elle ne sait plus quoi me faire à manger. Je prépare mes légumes moi-même, puis je lui porte un coup supplémentaire en m'habillant en sari blanc, la pointe drapée sur l'épaule droite, à la mode gujarati.

Persuadée que mes professeurs m'ont hypnotisée, elle m'oblige à changer de faculté. Comme je résiste, elle me demande si j'ai décidé de me convertir. Je finis par céder. Je m'inscris en psychologie plutôt qu'en sanskrit et les tensions s'apaisent.

Je me sens perdue. Il n'y a guère que Mamie qui me fait du bien. Quand je touche sa peau de soie froissée et que je plonge mon regard dans le sien, je me souviens des prières du Shabbat à la maison de Dilhi Darwaza. Immanquablement, cette image fait resurgir en moi le désir de retrouver cette vie juive que Mamie parvenait à préserver avec si peu de moyens : une bougie, une étoile et le Shema Israël ; le parfum du pain chaud, le vin fait maison, le gâteau sandans à base de farine de riz cuit au four tandoori, et le poulet mijotant dans une sauce au curry et à la coriandre. Des petites choses, qui sont si loin à présent. Des choses inaccessibles, hors de ma portée et dont l'absence me fait souffrir.

Mamie nous demande avec insistance d'aller en Israël, avec une sorte d'urgence perceptible dans sa voix.

Et puis un jour, elle meurt dans son sommeil, sans faire de bruit.

Tatie Jérousha veille son corps et se met à parler toute seule, par phrases décousues, incohérentes.

Nous sommes inconsolables.

Tout au long du rituel funéraire, Oncle Menahem et Père se tiennent figés, pareils à deux statues inertes. Mani retient Tatie Jérousha qui veut empêcher ses frères d'emporter Mamie au cimetière. Puis Mani tente de me consoler. Elle m'explique que, si je pleure autant, Mamie aura du mal à revenir parmi nous, car elle ne pourra pas traverser un tel torrent de larmes. Elle est persuadée que Mamie reviendra au bout de quarante jours, pour peu que je réalise ne serait-ce qu'un seul de ses souhaits inassouvis. Peut-être devrais-je aller en Israël…

La famille se sent orpheline.

Oncle Menahem est assis à la table, en état de choc, parce que Samuel a refusé de rentrer pour l'enterrement. Je retrouve le visage de Samuel dans les traits de Benjibaba, qui se tient droit comme un I, sa bougie à la main.

Le rempart s'est écroulé et comme les portails de la ville, nous voilà nus, vulnérables et sans défense.

L'étoile de David

Mère enterre Père jour après jour et il y a, dans la terreur que l'idée de cette mort hypothétique lui instille, un véritable déni de la vie.

Le son des tambours et des grelots de Kali m'effraie et j'essaie de m'échapper par le tunnel sous le fort de Bhadra. Mais cette fois, la route est barrée. Un matin, Père disparaît et Mère pleure toute la journée, car elle est convaincue qu'il l'a quittée pour une autre femme. Le soir, il n'est toujours pas rentré et je nous vois déjà à la rue. Mais face à l'angoisse de Mère, je m'efforce de faire bonne figure. Bizarrement, pour moi c'est lui, bien plus que Mère, qui incarne la notion de foyer.

Nous faisons porter un message à Oncle Menahem qui vient se joindre à notre veillée. Je remarque qu'il ne manifeste pas la moindre sympathie à Mère et qu'il se montre même agacé par ses pleurs. Il se sent néanmoins une lourde responsabilité, car il refuse d'alerter la police : ce serait la honte pour notre famille. A minuit, il oblige Mère à avaler un calmant et à se coucher. Lui s'allonge dans le salon, mais je sais qu'il ne fermera pas l'œil de la nuit.

Le lendemain matin, Père nous rejoint au petit déjeuner, comme si de rien n'était. Son rire est contagieux. Il a les cheveux en broussaille, il sent bon la forêt et il a l'air si joyeux qu'il n'y a pas moyen de pleurer ou de se fâcher. Il ignore le regard glacial de Mère. Il a passé la nuit tout seul, à l'embouchure de la Sabarmati, à observer les lucioles, à écouter le chant des oiseaux et des insectes. Depuis cet incident, Mère est rongée par la méfiance et un rideau de silence est tombé entre eux. Elle est froissée, parce qu'il ne s'est pas confié à elle.

Peut-être qu'elle ne le croit pas, au fond. Peut-être le soupçonne-t-elle toujours de l'avoir trompée, comme Danieldada avait, en son temps, trompé Grand-mère Léa. Elle a le sentiment que Père et moi lui avons assené le coup de grâce. Pour la première fois de ma vie, j'ai de la peine pour elle et je voudrais la serrer dans mes bras, comme j'aurais aimé jadis qu'elle le fasse avec moi.

La bibliothèque est mon unique refuge. Mes parents ont des points de vue opposés sur tout un tas de sujets et la maison n'est jamais calme. Père n'est plus dépendant de Mère et il a tendance à se montrer agressif. Alors Mère pense qu'il voit une autre femme, mais laquelle ? Il tente de la flatter en l'appelant « ma déesse ». En la plaçant ainsi sur un piédestal céleste, il s'accorde lui-même la liberté des simples mortels. Elle en est d'autant plus suspicieuse. Le silence de Père la rend irritable. Derrière les tons bruns, les couleurs sont voilées. L'un ne sait pas ce que l'autre pense.

Se retrouver coincée avec eux à la maison pendant toutes les vacances, c'est comme de se noyer dans un puits. J'ai besoin d'air et de Mani, qui vit désormais avec Tatie Jérousha.

Je la trouve assise, la tête basse, sur le pas de la porte. Ses yeux sont vides et même lorsqu'elle me voit ils ne s'animent pas, comme autrefois, d'une expression de plaisir chaleureux. Tatie la jette souvent dehors, prétextant qu'elle aurait volé du sucre ou du ghee. Alors Mani passe des heures affalée devant la porte, le cœur en peine, de nouveau à la rue, jusqu'à ce que Tatie ait besoin d'elle. Elle se plie à ce rituel sans lamentation aucune.

Je sonne, j'appelle et puis j'entends Tatie venir et se débattre avec les deux verrous, grommelant qu'on la dérange alors qu'elle est si occupée. Elle entrouvre à peine la porte, pour me la claquer aussitôt au nez.

Comme je m'apprête à rebrousser chemin, elle ouvre de nouveau et je la découvre emmaillotée dans un kimono de soie bleue, brodé d'un dragon rouge. Son visage est carrément plâtré de poudre, façon geisha, et l'un de ses foulards français mités couvre son crâne dégarni. Malgré l'intense chaleur estivale, elle porte ses vieux chaussons à pompons, avec l'étiquette « Made in England » toujours accrochée. Elle se penche vers moi pour m'embrasser. Elle empeste le rhum, l'antimite et la transpiration et je me dis qu'elle n'a pas dû prendre de bain depuis des jours. Dès que je suis à l'intérieur, elle referme la porte et se plaint de Mani, qui attend toujours dehors.

Je m'assieds à la table de la cuisine et la regarde ouvrir son garde-manger, pour en extraire les bijoux de Mamie qu'elle étale devant moi. Les yeux écarquillés, je vois les boucles d'oreilles en perle, les joncs, la fine chaîne et l'étoile de David en or, l'alliance, les anneaux, les bagues d'orteils et les bracelets de chevilles en argent qui me rappellent Danieldada.

Elle me donne l'étoile de David, d'un geste curieux, un peu comme si elle m'offrait ses friandises préférées, et me recommande de bien la cacher au fond de mon sac. Elle ne veut pas que Mani soit au courant. Si elle savait que le bien le plus précieux que Mani ait jamais possédé – sa boîte à parfum – se trouve sous mes saris en attendant le jour de mon mariage !

Elle rouvre brusquement la porte et envoie Mani chercher trois portions de glace au safran. Nous la mangeons ensemble toutes les trois et lorsque Mani me regarde, j'aperçois une lueur espiègle dans ses yeux.

Me voilà face à un dilemme étrange. Mère n'apprécie ni l'or, ni la soie, ni la mousseline. Pour elle, ils incarnent le péché, les matières qui ont tapissé la lente descente aux enfers de sa mère. Elle m'a toujours interdit d'y toucher et prétend, par ailleurs, qu'il serait indécent de se parer de bijoux, alors qu'il y a tant de misère tout autour de nous. Or rien ne peut se faire dans cette maison sans l'autorisation de Mère et rien n'échappe à son regard fureteur.

L'étoile est ainsi condamnée à rejoindre mes bracelets de chevilles et la boîte à parfum de Mani, enfouis sous les saris. Mère estime qu'il est inutile de porter son judaïsme autour du cou, aux yeux de tous, que c'est quelque chose qui doit plutôt briller au fond du cœur. S'il est difficile de comprendre les idées de Mère, s'y opposer est plus dur encore. Mais ça me fait du bien de toucher l'étoile quand le désarroi s'empare de moi. Elle garde l'empreinte de Mamie et cette présence m'apaise. Je me dis que je finirai bien par la porter un jour, peut-être quand Mère sera morte.

Je me demande comment l'étoile est devenue un signe de bon augure. Les juifs, après d'interminables journées passées à errer sous le soleil implacable du désert, retrouvaient-ils un peu d'espoir la nuit tombée, à contempler l'étoile du Nord ? Ou est-ce lié à l'étoile filante, fluide et sensuelle, toujours en mouvement, se fondant dans l'ombre de la terre ? Viendrait-elle de l'Inde, par la Mésopotamie et l'Indus, l'élément féminin et masculin s'imbriquant, traversant les siècles, jusqu'à devenir ce bout de tissu jaune, cousu sur le cœur, trempé de sang ? Et pourquoi Mamie disait-elle : « l'étoile, c'est mon Sion à moi » ?

Mon étoile me rassure, mais en même temps, les deux triangles masculin et féminin me perturbent et portent une ombre sur ma vie.

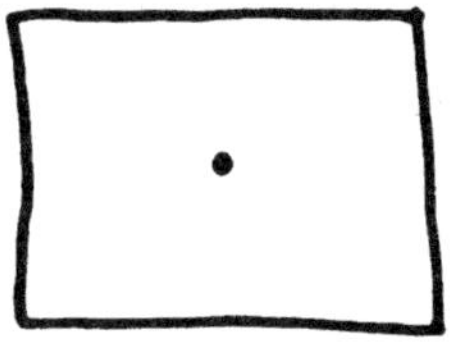

Couvre-feu

Nous avons tous vieilli. Tatie Jérousha habite une maison hantée. Elle a fermé sa clinique et passe ses journées assise dans son antre aux portes verrouillées. Son passe-temps favori consiste à perdre puis à retrouver des clés. Elle a de longues conversations avec Mamie, comme si celle-ci dormait toujours dans sa chambre. Les fourmis blanches tissent leur toile, dans sa maison, dans son esprit.

Pour elle, Jérusalem est juste un rêve lointain et Ahmedabad n'est rien de plus qu'une illusion. Elle souhaite qu'on l'enterre auprès de Mamie, tout comme Père veut reposer aux côtés de Mère et Tatie Hannah près d'Oncle Menahem. Quant à Malka et moi, les vierges célibataires, peut-être pourrions-nous faire tombeau commun ?

En attendant, c'est Samuel qui a opté pour le repos éternel, en plein soleil, sur une route goudronnée, affamé et sous l'emprise d'une drogue connue de lui seul. Si Mamie était encore là, elle se serait écriée : « Tout ça, c'est la faute à trop d'éducation et parce qu'on l'a laissé se mêler à d'autres communautés. Sinon, vous ne l'auriez pas perdu. Ce sont les parents qui sont responsables, qui ne veulent plus que les cousins se marient entre eux. Toutes ces idées modernes, ce n'est pas bon pour nous. »

Le jour où son corps a été rapatrié et enveloppé du linceul traditionnel que nous avions cousu nous-mêmes, Ahmedabad était sous couvre-feu. Nous avons récité le Kaddish à toute allure et Benjibaba se tenait au bord de la tombe, comme Samuel jadis près de la tombe de Danieldada, la bougie lui brûlant la main, des larmes coulant le long de ses joues, pleurant un frère qu'il avait à peine connu. Notre Benjibaba est différent. Elancé et calme, il observe tout sans jamais poser de questions. Du reste, personne ne l'y encourage. Il travaille dur à l'école et Tatie Hannah dit fièrement de lui qu'il est brillant.

Je suis certaine qu'il souffre autant que nous. Tatie Hannah dit qu'elle ne le reconnaît plus. Il ne proteste jamais, ne fait jamais de scènes, mais, contrairement à nous, il n'informe la famille de ses décisions qu'une fois qu'il les a prises. Alors, de peur qu'il ne suive l'exemple de Samuel, Tatie lui laisse une liberté totale et le protège des accès cycliques de fureur paternelle.

Depuis que Samuel est mort, Oncle ne travaille plus comme avant. Les finances familiales s'en ressentent. Benjibaba en profite pour demander à son père de le laisser faire son aliyah[1] avec un groupe de jeunes. Il annonce tranquillement à ses parents qu'il ne se voit aucun avenir ici, avec eux. Les conférences et projections de diapositives sur Israël l'ont influencé. Oncle lui donne son accord. Pour une fois, on n'a pas réuni le conseil des anciens et chacun joue son rôle de sauveur, en aidant Benjamin à s'enfuir vers la Terre Promise.

Je m'étonne de le voir si détaché, sans pleurs, sans trouble apparent. A croire qu'il ne donnera plus jamais signe de vie. Voici qu'un autre fils traverse le torrent de

1. Montée, en hébreu. Désigne l'émigration pour Israël.

larmes versé par Tatie Hannah. Oncle Menahem signe tous les papiers nécessaires et le bénit sans émotion, tandis que Malka serre sa mère dans ses bras et lui dit : « Jamais je ne te quitterai. »

Murs des lamentations

Un jour d'antan, là où se trouve le lac Kankaria aujourd'hui, un sultan vit un lapin se retourner contre un chien qui l'attaquait. Il en conclut que cet endroit – où une créature aussi farouche qu'un lapin était capable d'affronter un chien – serait parfait pour fonder une cité. Ainsi naquit Ahmedabad, conçue dans une vision de violence. Les rôles sont inversés sans cesse : d'étranges bêtes, mi-lapin mi-chien, s'entre-dévorent.

Couvre-feu, émeutes, sang répandu. Torrents de larmes qui nous séparent. Des murailles de la vieille ville ne subsiste à présent qu'un tas de briques effondrées. Pour moi, c'est le mur des lamentations d'Ahmedabad, témoin des pleurs de son peuple. Sauf que personne ne s'y rend en pèlerinage, personne n'y prie pour invoquer une aide suprême. Même les pigeons ne se réfugient guère dans ses crevasses. Les rats et les fourmis se sont peut-être installés à son pied. Peut-être l'âme d'Ahmedabad y vit-elle toujours. A moins qu'elle ne se meure, comme une grand-mère âgée qui aurait besoin de notre aide, ou qui pourrait nous dispenser la sienne.

Les portails se tiennent au garde-à-vous, sentinelles désœuvrées qui n'ont plus rien à protéger. Le couvre-feu serpente d'un portail à l'autre, comme un python étrangleur qui se glisserait entre les lourdes bottes militaires, les armes, les canons à eau et les gaz lacrymogènes. Aucune circulation sur les routes et ce silence est lourd de menaces. Qui est la victime, qui est l'agresseur ? Nul ne le sait.

La Sabarmati devient l'axe central d'un bien curieux exode. Des familles cherchent un lieu pour se mettre à l'abri. La rivière nous sépare de la vieille ville, comme elle nous avait autrefois coupés de Mamie. Quand les teinturiers y rincent leurs tissus rouges, on dirait un flot de sang. La traverser devient crucial. Des questions se bousculent sans cesse dans nos têtes. Qu'est-ce qui est bon pour nous ? Où trouver un peu de sécurité ? Le conflit nous gouverne.

Shakti

Quand je pense à Dilhi Darwaza, je pense immanquablement à Emmanuel. Il adresse de longues lettres à Oncle Menahem qui nous les lit à voix haute. Elles relatent son conflit, celui d'être juif en terre étrangère. Il évoque également des problèmes survenus avec son épouse Queenie, une brave femme. Celle-ci a été si choquée de le voir vénérer d'autres dieux que le sien qu'elle a expédié leurs deux enfants chez ses parents, pour les soustraire à l'influence d'un père jugé trop excentrique. Puis elle l'a quitté à son tour, après qu'il l'eut soumise à une expérience tantrique, et a débarqué chez sa mère, complètement hystérique. Mère dit que nous avons été bien avisés de refuser la demande en mariage d'Emmanuel. Et elle ajoute : « Imagine un peu le sort horrible qui t'attendait. » Moi, je ne sais pas trop quoi penser.

Emmanuel a laissé tomber son poste de professeur d'université pour se rapprocher de son gourou à Ahmedabad. La famille est sous le choc. Il va sans dire qu'il habitera chez l'oncle Menahem jusqu'à ce qu'il se trouve une maison. Alors

Tatie Hannah a concocté une stratégie pour protéger la virginité de sa fille, car elle se méfie d'Emmanuel. Un homme marié sans sa femme est une bête dangereuse, selon elle.

Mais il n'y avait pas lieu de s'inquiéter pour Malka. Emmanuel s'intéresse toujours à moi. Mère déjoue toutes ses tentatives pour me voir seule et dès qu'il vient chez nous, elle ne quitte pas la pièce, pas même une seule seconde. Il me parle de religion et mes parents, assis à nos côtés, ne disent rien. Pour moi, c'est un peu comme si Samuel était revenu, mais je prends garde à ne manifester aucun sentiment, de peur que Mère ne me laisse plus le voir du tout.

Sous prétexte d'y chercher un emploi, Emmanuel passe me voir à la faculté et, sachant que les parents ne sont pas à la maison, je l'y invite à déjeuner. Comme dirait Mère, je dois avoir le diable en moi.

Nous mangeons des chapatis froids avec des aubergines farcies. J'aime bien discuter avec lui, mais tout à coup, il saisit mes doigts graisseux et me demande de l'épouser. Un vent chaud et poussiéreux se lève et fait virevolter les feuilles dehors. Ça me rappelle le jour où Samuel m'avait fait sa demande. Quand je me lève pour aller fermer la fenêtre, il prend cela pour une réponse. « Alors c'est oui ? » demande-t-il, et il attrape à nouveau mes mains : « Pour moi, tu as toujours représenté Shakti[1] et c'est toi que j'ai toujours voulu avoir à mes côtés. » Je sens mon corps s'ouvrir et puis se refermer. La peur de l'avenir, de la réprobation familiale, me ramène brutalement sur terre. Il me faut rejeter son offre, étouffer dans l'œuf toute tentation. Je repousse brusquement sa main et lui ordonne de partir, le regard sévère derrière l'épaisse monture de mes lunettes, pas un cheveu ne dépassant de mon chignon irréprochable et le sari serré sur mon corps tel un bandage. J'ajoute enfin, d'une voix tremblante : « Tu es pour moi comme mon frère Samuel, comment peux-tu oser... »

---

1. Divinité qui représente l'essence des déesses féminines, l'énergie active, la nature pour certains.

Emmanbaba et Queeniemummy

Emmanuel travaille à domicile comme agent d'assurances, et comme il habite en banlieue, nous le voyons très peu. Il porte des bagues serties de pierres semi-précieuses, censées le protéger de l'influence néfaste de certaines planètes. Il nous raconte qu'il a aménagé l'une des pièces de sa maison en chambre pooja. Il est devenu végétarien, jeûne quelquefois et se promène vêtu d'un peignoir violet avec une étole drapée sur les épaules. Oncle Menahem l'appelle désormais Emmanbaba.

Queenie a disparu de la circulation et Emmanuel, tel un gandharva du swarg, épouse Kamla, une jeune veuve rencontrée au satsang[1] local. La cérémonie de mariage consiste à s'échanger des guirlandes de fleurs devant les divinités de sa chambre pooja. Les anciens dodelinent de la tête pour exprimer leur impuissance et Oncle Menahem se lamente : « Encore une brebis égarée. »

Je suis à la fois soulagée et quelque peu inquiète à l'idée que j'aurais peut-être pu le sauver. Le jour où Kamla donne

1. Groupe religieux.

naissance à un petit garçon, nous recevons une corbeille de gâteaux recouverte de papier argenté et accompagnée d'un mot d'Emmanuel, nous informant qu'il a fait circoncire son fils dans une clinique privée. Oncle Menahem est un peu rassuré et déclare : « Dieu merci, il n'a pas raté le huitième jour. » La famille leur envoie un hochet en argent, avec nos vœux de paix et de prospérité pour le bébé. Une rumeur circule cependant : ce serait un vieux dignitaire de la communauté qui aurait circoncis l'enfant à la synagogue, en présence de Queenie, la première femme d'Emmanuel, qui aurait pour l'occasion endossé le rôle de la mère du petit.

Une histoire bien étrange se fait jour. Queenie, bien qu'extrêmement réticente au départ, aurait fini par céder aux pressions et réintégrer la maison de son mari. Un dimanche après-midi, alors que nous somnolons sur le tapis du salon après un bon déjeuner de galettes frites et de jus de mangue, Queenie vient voir ma mère.

Je ne l'avais jamais vue et quand elle murmure son nom, je remercie Dieu de m'avoir donné la sagesse de repousser Emmanuel ; je n'aurais jamais pu me pardonner de blesser cette femme simple et sans défense.

Douce, timide et de petite taille, elle se blottit au fond du canapé et sèche ses larmes à l'aide d'un mouchoir violet. Ses cheveux fins forment une tresse pas plus grosse qu'une ficelle et ça lui donne un air dégarni. Elle est toute en rondeurs diffuses et son visage est dominé par deux grosses joues et un nez immense. Ses petits yeux brillent comme l'étoile de David qu'elle porte à son cou.

Je fais semblant de dormir et je l'entends raconter à Mère qu'elle a toujours été une bonne épouse mais qu'elle est condamnée à souffrir, à cause des mauvaises actions de ses vies précédentes. D'un ton posé, Mère lui fait remarquer que ces paroles lui viennent d'Emmanbaba. La réincarnation n'existe pas pour les juifs. « Il te faut croire, lui dit Mère, croire en ta religion, réciter le Shema Israël, embrasser la mézouza et tenir le mal éloigné de ta maison. » Je n'en reviens pas d'entendre Mère parler comme Mamie! « Et qu'est-ce que je peux faire, demande Queenie, maintenant que le mal s'est installé chez moi ? »

Emmanuel fait du chantage aux parents de Queenie. Si elle ne revient pas chez lui pour jouer le rôle de mère officielle du garçonnet de Kamla, il menace de lui retirer ses enfants, sous prétexte qu'elle serait hystérique et incapable de s'en occuper. C'est pour cela qu'elle a cédé et assisté à la circoncision du fils d'Emmanbaba. La communauté est au courant mais, comme dit l'oncle Menahem : « Tant que la tribu croît, tout va bien. »

Queenie s'accroche à Mère et s'écrie : « Tatie, je veux mourir! » Mère est comme frappée par la foudre et moi je me redresse brutalement. Des fragments de l'histoire de Danieldada s'abattent sur nous, comme les reflets d'une vitre tachée. Mère a l'air de se trouver mal et je vais lui chercher un verre d'eau. C'est comme si l'histoire de sa mère se répétait et je crains que sa tension artérielle ne monte en flèche. Dans sa naïveté sans bornes, Queenie s'est choisi la mauvaise confidente. Mais finalement, peut-être pas. Mère continue de la consoler et lui dit qu'elle ne doit jamais faire une chose pareille, ne serait-ce que pour ses enfants. Personne d'autre ne pourra en prendre soin comme leur mère. « Un suicide, dit-elle, ça laisse des cicatrices sur plusieurs générations. De plus, aux yeux de notre Dieu, mettre fin à ses jours est un très grand péché. Tâche de trouver du réconfort auprès de tes enfants et aide-les à devenir des gens bien. Dis-toi qu'au moins, ton mari t'accorde le statut de première épouse. »

Quand Queenie s'en va, je réalise que Mère est bouleversée. Se demande-t-elle si Léa et Durga auraient pu vivre ensemble? Et dans ce cas, est-ce que les filles se seraient faites à cette nouvelle situation? Au moins, cela aurait permis de sauver une vie. Depuis cet incident, Mère manifeste une grande sympathie pour Queenie qui, en retour, lui envoie des corbeilles chargées de gourmandises. Mère l'aide à trouver un emploi de dactylo et les deux femmes se voient régulièrement. Pour Mère, elle est la fille qu'elle aurait voulu que je sois, et pour Queenie c'est une mère de substitution.

Queenie traverse une crise après l'autre et Mère la soutient vaillamment. D'un point de vue juridique, Emmanbaba est bigame. Afin de résoudre ce problème, il envisage maintenant d'embrasser la foi musulmane. C'est la goutte qui fait déborder le vase. Queenie fait ses valises et veut retourner à Bombay. Elle est même prête à renoncer à ses enfants mais Mère, une fois de plus, la convainc de rester. J'aurais bien envie de lui dire que Queenie ne devrait pas se laisser faire, mais je sais d'avance comment Mère réagirait à cela. « Elle doit se sacrifier pour ses enfants », dirait-elle. L'aisance avec laquelle Emmanuel retourne sa veste théologique sidère la famille, qui décide de couper les ponts avec lui. Mais il s'en fiche.

Il me semble malgré tout qu'Emmanbaba est une âme égarée qui cherche son identité juive au travers de toutes ces religions qui l'entourent. Queenie raconte qu'il a installé une affiche de calligraphie urdu sur l'une des étagères du salon. Pour sa part, elle s'est rapprochée de Kamla et elle explique, non sans fierté, qu'elles sont devenues comme des sœurs, unies dans la résistance contre un seul et même homme. Ce n'est plus désormais Kamla qui incarne le mal, mais bien Emmanuel.

Il a coutume de disparaître un jour par semaine, mais elles ne lui posent pas de questions. C'est pour les deux femmes une journée loin des conflits d'Emman Pir[1], qu'il passe à la mosquée du Saint qui Marche ou à filer le khadi à l'ashram de Gandhi. Pour une fois, Oncle Menahem s'abstient de tout commentaire et j'envie Emmanbaba d'être libre de se consacrer à toutes ces expériences.

---

1. Saint musulman.

De chacune de ses absences, les femmes ressortent plus fortes, puisqu'elles prennent toutes les décisions importantes. Mais à peine l'homme rentré, le ménage retombe dans un silence mélancolique.

Chaque dimanche, Emmanbaba enfile son kurta de khadi blanc et part à vélo, sans dire où il va. Il a mis au rancart son peignoir excentrique et ne s'habille plus qu'en khadi. Pourtant, chaque vendredi, il demande à sa femme : « Queeniebaï, pourquoi n'as-tu pas allumé les bougies du Shabbat ? » En général, c'est Kamla qui met la table pour le Shabbat, et c'est Queenie qui préside aux prières et qui aide son fils avec le verre du kiddoush[1]. Elle n'est plus ni douce ni timide ; elle est devenue Shakti, la mère universelle.

Les agissements d'Emmanuel ont longtemps alimenté les discussions familiales, car il est toujours là où on ne l'attend pas. Et voilà qu'à quarante ans, alors qu'il en a très largement dépassé l'âge, Emmanuel nous fait la surprise de célébrer sa propre Bar-mitzva. Nous nous rendons chez lui, et Oncle Menahem murmure : « Mais qu'est-ce que c'est encore que ce cinéma ? » C'est la première fois que nous allons chez Emmanbaba et, tandis que nous embrassons la mézouza, il affiche un grand sourire et nous demande de retirer nos chaussures. Kamla se couvre la tête et se penche pour toucher les pieds des aînés. Tatie Hannah est à deux doigts de se métamorphoser en dragon.

Apparemment, Emmanbaba a un fan-club : il y a là Jhirad, Élie et Raymond qui comparent leurs horoscopes tout en exhibant des bagues scintillantes de pierres précieuses. Puis, un homme âgé lit des passages d'un livre en marathi et Emmanuel reçoit un talith, le châle de prière des juifs.

Il le serre langoureusement sur ses épaules, et déclare dans un sanglot qu'il a toujours voulu être un bon juif et que, maintenant qu'il a son talith, il promet d'être fidèle à

1. Bénédiction sur le vin et le pain, récitée par le chef de famille lors du repas du vendredi soir qui ouvre le Shabbat ou les fêtes.

sa religion. Des larmes brillent dans ses yeux tandis que le portrait encadré de Gandhi lui sourit gentiment. Alors, dans la petite cuisine où elle est assise sur un tabouret, le sari relevé sur ses genoux et les pieds baignant dans le sang des poulets qu'elle vient de rendre casher, Queenie est prise d'un fou rire irrépressible.

Maya

Il m'arrive de penser que notre histoire ressemble à celle de Daniel dans la fosse aux lions. L'animal nommé désir gronde dans nos esprits et il nous faut l'amadouer, que ce soit par l'amour ou par de bonnes actions que nous aurions accomplies par le passé, comme de donner l'aumône à la mendiante de Dariapur. Et qu'est-elle devenue du reste ? Je n'en sais rien. Tout est *maya*, tissant une toile d'illusion tout autour de nous. Les choses ne sont pas ce qu'elles paraissent être. Derrière le rideau de la synagogue, derrière les inscriptions hébraïques des pierres tombales et la lueur des bougies, se cache ce que nous tentons d'appréhender sans jamais y parvenir, car ce que nous cherchons n'a pas les yeux de Shakti qui nous hypnotiseraient par la foi.

Tout est *maya*. L'illusion d'innombrables réincarnations, naufrages, voyages, massacres. Et pourtant, il est possible de plonger dans la mer Morte pour émerger dans le Gange, traversant une galaxie d'expériences. Peut-être Emmanbaba a-t-il saisi cela, ou peut-être pas, qu'en savons-nous ? Comme dirait l'oncle Menahem, Emmanuel pourrait bien n'être qu'un fumiste.

Nous avons eu des pluies hors-saison et nous passons maintes nuits debout, des bassines à la main, hagards sous les lumières glauques. Nous ramassons des milliers d'insectes morts, craignant qu'ils n'attirent les lézards. Mais les murs sont déjà recouverts de leurs gros corps gluants, qui vous glissent entre les doigts.

De nouvelles émeutes ont éclaté et le sumac vénéneux s'étend comme autant d'immenses filets de pêche au fond des rivières et des lacs, dévorant les derniers poissons agonisants.

Une sensation de fin du Monde se répand tout autour de nous et, à peine le couvre-feu levé, Mère s'en va consoler Tatie Hannah. Un lézard lui est tombé sur la tête, alors elle est certaine que Benjibaba est mort, comme Samuel. Malka fait ce qu'elle peut. Elle est pendue au téléphone, à essayer de joindre son frère.

Mais finalement, c'est Emmanbaba qui meurt et Tatie Hannah en éprouve un vague soulagement. Toutefois, elle est toujours en état de choc car, selon elle, la mort arrive parfois par vagues de trois. Elle se demande qui sera sa prochaine victime.

Emmanbaba avait quitté la maison juché sur son vélo, le lendemain de la reprise du soulèvement qui avait déjà rempli les hôpitaux de cadavres. Queenie et Kamla avaient cherché à le retenir, mais il leur avait résisté et s'en était allé, en mission secrète semble-t-il.

Selon Kamla, il portait un ample peignoir violet et avait les cheveux en bataille. « On aurait dit le prophète Abraham », dit-elle dans un soupir. Il avait pédalé à la rencontre de sa propre mort, dont il avait prédit lui-même qu'elle le faucherait en plein milieu d'une route. Et c'est ce qui est arrivé. On l'a trouvé étendu sur la chaussée, près de son vélo brisé, le regard fixé sur l'azur du ciel, le ventre lardé de coups de poignard.

Ils lui ferment les yeux et les recouvrent de terre venue de Jérusalem, puis le descendent dans la tombe, son châle de prière tout neuf sur les épaules. Le sang coule dans le lit aride de la rivière.

Vishchakra

La synagogue est plongée dans le silence depuis trop longtemps. On repeint les murs orientés vers Jérusalem et on répare les vitres. On nettoie les ménorahs de laiton et les lampes à pétrole, la façade en marbre de la teva et les rideaux de velours rouge brodés d'or protégeant les rouleaux de la Thora.

Je cherche toujours le bindi central sur le rideau mystérieux, qui dissimule les yeux de mon Dieu. Quant à nos yeux d'humains, ils cherchent toujours Benjamin, notre frère égaré. Ses lettres sont remplies de promesses, mais il ne revient jamais. Sur les photos couleur qu'il nous envoie, on voit un homme que nous n'arrivons pas à reconnaître.

Malka et moi sommes les dernières représentantes de ce qu'il convient d'appeler « la famille ». Nous avons décidé de verrouiller nos ventres, comme Tatie Jérousha, barricadée chez elle avec Mani. Peut-être resterons-nous seules ensemble, avec nos souvenirs de la vieille maison pour unique compagnon. Nous resterons accrochées tête en bas comme des chauves-souris et nous n'apprendrons jamais à voler comme des oiseaux. Mais tard dans la nuit, une fois les parents couchés, nous nous plongeons dans les romans à l'eau de rose achetés à Teen Darwaza, pour glisser sur les parois fraîches d'un puits rempli d'idylles jamais vécues. L'amour possible de vies prochaines, voilà notre oasis secrète, alors nous contemplons les reflets de lumière sur cette eau si profonde, hors de portée.

Quel drôle de couple nous formons toutes les deux, quand nous allons au cinéma en moto-pousse ! Malka avec ses jupes longues et sa coiffure genre reine Elisabeth, et moi, avec mon sari blanc gujarati et mon chignon bien serré, presque sévère. Percluses d'arthrite et de douleurs dans le dos, nous n'osons pas vieillir de trop, car il y a nos parents âgés, assis muets devant le téléviseur, les yeux perdus dans le vide et les pensées tournées vers le passé. Mère est à la retraite. Oncle Menahem a vendu sa clinique et Tatie Hannah passe ses journées à entrer et sortir de la cuisine, d'un pas mal assuré. Notre seul but est de les maintenir vivants, car une fois qu'ils seront partis, il n'y aura plus de sens à notre vie. Il n'y a qu'à voir l'exemple de Tatie Jérousha.

Malka dirige une école laïque anglaise des faubourgs et moi j'enseigne dans une faculté d'ici. Nous vivons chacune notre vie, à organiser les tâches de nos cuisinières et domestiques respectives, pour assurer le confort de nos parents. Nous nous retrouvons deux fois par mois, tantôt chez l'une, tantôt chez l'autre, pour chanter de vieux airs hindi avec nos mères. Les doigts tremblants, Oncle Menahem joue de son harmonium et Père l'accompagne au dilruba. Le violon de Samuel repose dans sa boîte noire-sarcophage, abandonné là-haut dans le débarras.

Lorsque la vieille ville n'est pas sous couvre-feu, nous emmenons nos parents à la synagogue, pour un Shabbat, une circoncision ou un mariage. Les soutenant par les épaules, nous nous arrêtons pour embrasser la mézouza avant d'entrer dans la maison de Dieu. Nous ne quittons jamais Ahmedabad. Nous ne le pouvons pas.

J'ai découvert qu'Ahmedabad avait un nouveau dieu. Il est né du sang de deux vierges dont les corps nus furent étendus sur la route fraîchement goudronnée, en attendant que le corbillard municipal vienne les ramasser. C'est un dieu à deux têtes féroces qui se détournent l'une de l'autre, et chacune de ses mille mains est armée d'une épée. Ma quête des dieux s'arrête là.

Je connais mal les pensées de Malka car elle n'exprime jamais ses sentiments.

Quant à moi, je ne souhaite point prendre mari, de peur d'engendrer une fille. Selon nos lois, elle serait juive et ce serait là un calvaire, pour elle aussi bien que pour moi. Moi j'essaierais de l'éloigner de toute influence extérieure et elle serait forcée de lutter contre moi. Elle aurait des cheveux rebelles qu'il me faudrait brider en nattes serrées, pour la rendre peu attirante. Je tâcherais de la manipuler, de contrôler la moindre de ses pensées, tandis que la voix implorante de sa grand-mère la supplierait d'aller rejoindre la Terre Promise. Puis, ma fille jamais conçue apprendrait tout doucement à se faire du mauvais sang pour moi et mes vieux jours, et finirait peut-être par vivre à mes côtés, comme je vis avec mon père et ma mère.

C'est *vishchakra*, ce cycle interminable et vénéneux car elle, étant ma fille, voudra savoir tout ce que je sais et me forcera ainsi à recommencer toute cette histoire.

GLOSSAIRE

Les mots en hindi ou gujarati sont ici transcrits avec la phonétique anglaise.
Double oo = « ou ».
Lettre u = « ou ».
Lettre j = « dj ».
sh = ch

Aarti. Rituel de prière qui se pratique avec une lampe à huile.
Apsara. Danseuse céleste.
Bagdadi. Originaire d'Irak.
Bar-mitzva. Cérémonie de passage à l'âge adulte, célébrée par les garçons juifs à l'âge de treize ans et (parfois) par les filles à douze ans.
Bhadra Kali. Temple installé dans le fort de Bhadra à Ahmedabad.
Bhajan. Chant de dévotion populaire.
Bhang. Boisson sucrée et enivrante que l'on prépare pour certaines fêtes, notamment Holi.
Bharath Natyam. L'une des quatre formes de base de la danse classique indienne. Prend sa source dans les temples du sud de l'Inde et les légendes de la vie de Krishna. Généralement dansée par les femmes.
Bidi. Cigarette de fabrication indienne.
Bindi. Point que les femmes indiennes portent sur le front.
Biryani. Plat à base de riz avec un peu de légumes ou de viande.
Casher. Règles alimentaires de la religion juive, interdisant notamment la consommation de certains animaux et le mélange lait-viande. Détermine aussi la façon de tuer les bêtes.
Chapati. Galette souple.
Dal. Pois secs. Ragoût à base de pois secs.
Dandya Raas. Danse typique des femmes du Gujarat. Se danse avec de petits bâtons. Se pratique notamment lors de Navarati.
Darshan. Vision sacrée, révélation d'un dieu ou d'un saint qui se donne à voir aux humains.
Dhoti. Tissu drapé sur les hanches, parfois ramené entre les jambes. Vêtement masculin.
Dilhi Darwaza. Quartier d'Ahmedabad.

Dilruba. Instrument à cordes, semblable au sitar.
Diwali. Fête hindoue, où l'on allume d'innombrables lampes à huile, pour guider Rama rentrant de l'exil. Dans la région de Bombay, la fête est aussi dédiée à Lakshmi ou à Kali (Calcutta).
Dussera. Fête hindoue qui dure dix jours. On brûle les effigies du roi-démon Ravana et de ses acolytes pour symboliser la victoire du bien sur le mal. Voir *Navarati.*
Entelles. Singes que l'on trouve notamment dans le Gujarat.
Gandharva. Musicien céleste célébrant l'amour.
Ganja. Marihuana.
Garba. Danse typique des femmes du Gujarat. Se pratique notamment lors de Navarati.
Ghaghra. Jupe ample, décorée de broderies et de petits miroirs ronds, portée dans le Gujarat et le Rajasthan.
Ghee. Beurre clarifié.
Ghodagadi. Attelage fruste.
Gopi. Vachère. En référence aux vachères éprises de Krishna, le « berger de l'amour ».
Gujarati. Langue parlée dans le Gujarat ; également adjectif.
Hannoukah. Fête juive, également appelée fête des Lumières, qui dure huit jours, commémorant la victoire, en 165 av. J.-C., des Maccabées sur les Syriens hellénisés.
Holi. Fête hindoue célébrant la fin de l'hiver, où on se lance de l'eau et des poudres de couleurs vives.
Jui. Sorte de jasmin.
Kaddish. Prière pour les morts, chez les juifs.
Kesuda. Arbre qui produit des fleurs rouge-orangé en mars. On se sert des fleurs pour faire des décoctions, que l'on boit ou dont on s'enduit la peau.
Khadi. Tissu en coton ou soie fabriqué à la main, prôné par Gandhi.
Kismat. Equivalent du karma pour les musulmans.
Kumkum. Pâte rouge vermillon que l'on pose sur le front.
Kurta churidar. Costume du nord de l'Inde, constitué d'un pantalon et d'une tunique.
Linga. Sculpture de forme phallique symbolisant Shiva, également Shivalinga.
Lungi. Sorte de sarong, tissu noué à la taille, couvrant les jambes. Vêtement masculin.
Marathi. Langue parlée dans le Maharashtra ; également adjectif.
Maya. Illusion.
Ménorah. Chandelier à sept branches.

Mézouza. Ornement du montant de la porte des foyers juifs, renfermant un parchemin avec le Shema Israël.
Navarati. Littéralement : fête des neufs nuits. La fête de Dussera s'appelle ainsi au Gujarat. Les femmes y dansent toute la nuit.
Navgaon. Lieu où les Béné Israël (juifs indiens, littéralement : enfants d'Israël) auraient débarqué en Inde.
Parsi. Perse zoroastrien.
Peda. Sucrerie à base de lait.
Pessah. Fête juive célébrant la sortie d'Egypte et la fin de l'esclavage, pendant laquelle on ne doit pas manger de pain levé. Au cours du repas de Pessah, le plus jeune enfant de l'assemblée chante le « mah nishtana », qui est une série de questions, et tous lui répondent en chœur.
Pol. Réseau de ruelles étroites et encombrées.
Pomfret. Poisson de mer, à la chair ferme, très prisé pour le curry.
Pooja. Prières et rituels hindous, également lieu où l'on fait les prières.
Pourim. Fête juive où les enfants se déguisent. Commémore la délivrance des juifs perses.
Prasad. Offrande de nourriture faite aux dieux, distribuée ensuite aux humains.
Pujari. Prêtre.
Raas Lila. Danse liée à Krishna.
Rajas. Rois indiens.
Rakshabandhan. Fête qui célèbre les liens entre frères et sœurs, de sang ou non.
Rudraksha. Noyaux des fruits du *R'Elaeocarpus Ganitras.*
Samosa. Beignet farci, de forme triangulaire.
Seths. Marchands fortunés.
Shabbat. Jour de repos chez les juifs. Commence le vendredi et se termine le samedi soir, au coucher du soleil.
Shakti. Divinité qui représente l'essence des déesses féminines, l'énergie active, la nature pour certains.
Shalom. « Paix », en hébreu. Est utilisé pour se saluer. « Shalom aléhem », que la paix soit avec vous.
Shema Israël. Prière fondamentale du judaïsme, proclamant « Ecoute Israël, ton Dieu est un ».
Shivalinga. Sculpture de forme phallique symbolisant Shiva. Voir *Linga.*
Simhat Torah. Fête juive marquant la fin de la lecture de la Torah et son recommencement.

Sindoor. Poudre orange.
Sloka. Mètre, vers typique de la poésie épique sanscrite.
Teva. Sorte d'autel au centre de la synagogue, où l'on lit des passages de la Torah.
Thali. Plateau rond pour les accessoires d'un rituel, mais sur lequel on sert aussi des repas composés.
Yom Kippour. Jour du Grand Pardon dans la religion juive. On fait des prières de pénitence toute la journée à la synagogue et on jeûne.

Achevé d'imprimer
en août 1998
Imprimerie Lienhart
à Aubenas d'Ardèche

Dépôt légal : septembre 1998